她逆着光站在窗户前，根本看不到她的表情，过
了一会儿有风了，便把她的头发吹得飞了起来，
她站在那里，就像站在一幅色调疏淡的水墨画里。

——《伦敦的呼唤》

他把自己沉默成了一个侧影的轮廓，好像要把自己坐成墓碑。我那个时候年纪还轻，不懂得什么叫作虚无，更不懂得那种莫名其妙滑进一种物我两空的状态。

——《向着天空猛烈射击》

他的房间很小，家具少得可怜，一眼望过去就只有单人床、桌子、煮面条的小电锅，一个唱片机，四处都堆满了书。

——《世界上比我还要难过的人》

我想成为作家或者诗人，此事无关风月，无关繁华的物事，无关深深庭院、华丽衣裳、向前奔跑的姿态，无关在幽蓝的夜空中绽放的烟火，无关世界热闹的本质。

     ——《让我在夜里说会儿话》

我们是否还拥有灵魂

灵魂

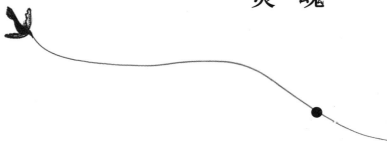

易小荷 著

北京出版集团公司

北京十月文艺出版社

新经典文化股份有限公司
www.readinglife.com
出 品

目录

Contents

Part 1

Part 2

Part 3

待下半场再见，愿我们犹存体面

龚晓跃

我们把易小荷叫作中国著名美作。

因为她又美又作。

她的故乡四川自贡，盛产各种劣质文痞，但她出淤泥而不染，低眉作美文，扬眉作美女，不时还有温和而坚定的侠义之气。

小荷去年拜别灰色的北方，在上海曾经的"法租界"租下一处有天井和鲜花的小院子，开始做两个很文艺，但不太商业的公号——"骚客文艺"和"搜历史"。

在大尾巴狼相对较少的魔都上海，做点不违本心的文艺的事情，这是小荷的下半场。

小荷的上半场始于 2001 年，那时她也是从北京南下，到当时中国市场化媒体的首都广州，加盟我主持的《南方体育》。小荷刚到广州大道中 289 号时还很拘谨，对着编辑部里那些生冷不忌、战天斗地的坏小子，她的尖角暂时还没显露出来。

但她写作的底子很好，对细节很敏感，而这差不多是一个好记者的一多半门槛了。我因此表扬了她一次，在一篇公开发表的文章中，我声称易小荷是中国文字最好的女记者之一。

小荷不止一次表示，我的这次高调表扬对她很重要。她很快长驻 NBA，成为中国最优秀的篮球记者，继而转战社会新闻，成为一名长于人物报道的美作。

然后，和千百个记者、编辑、总编辑一样，她在《南都周刊》编委任上离职，专注于更冒险，也更光明的个人事业。在技术和非技术力量的双重阻击下，上半场已经不值得留恋。

我的上半场跟小荷差不多，除了我比她早几年加入竞赛，又在她之前被罚出赛场。大约是因为我为她吹了上半场的开场哨，所以她很多年来一直尊我为师父，这也是我在上半场为数不多的功业之一。

我们在最好的年华倾尽全力，曾经踌躇满志，曾经泪流满面，但成就微不足道，我们失败了。中国传统媒体和市场化媒体还没来得及进球，上半场就草草结束了。

我们已经进入下半场，这是我们自己的下半场，我们是时候给自己的信仰、审美和能力一些尊重了。

小荷是强调对汉语审美传统的继承与守护的，也很珍惜那些美好的人类共同价值。她想让自己看上去更得体一些，然而以国内创投界的眼光来看，她显得有点理想主义，不够商业。不久前，小荷拿到一笔品格很高的投资，推出了"骚客文艺"，依然敝帚自珍，依然不够商业。

但是要那么商业干什么？中国最不缺的就是商业。只要趣味高级，就值得好好做下去，又不缺饭钱酒钱，总不至于去做毒鸡汤吧。

我职业生涯的一些熟人，因为调低了一些底线，放下了一些身段，故而赚了一些钱，去美国置了业，在各种大学讲了座，开始分享所谓扎实的成功，并始找机场的电视屏贩卖那种莫名其妙的生存哲学。

这当然也不坏，不过闷声发大财，不出来更好。您不说话人们不知道您以为你自己成功了。

不过是用高昂的成本解决了一些温饱层面的问题，哪里来的成功可以嘚瑟？

记得小荷初到《南方体育》时，曾被镌刻在墙上的报社训词"跟他们不同"所震撼。多年之后，我们同为创业狗，谈及这句傲岸的自我标榜时，依然心有猛虎：既然这个社会已经饿不死人，我们就必须把事情做得体面一点。

到下半场再见面，但愿我们还保有体面。

自序

　　十岁的时候，为了一个可以去区里演讲的名额，我在家练习了一个月，每天都声情并茂到扫地都能扫出一屋"鸡皮"。直到有天晚上一个邻居（各大演讲比赛的常任主持人）问我，今天我报幕报到你的名字，你为啥没来？我又用了一个星期的时间鼓足勇气去问通知我的老师，她笑了笑："我忘记了。"

　　初中的时候，因为我家就在学校里面，同学们天天自发地中午来我家蹭饭，下午来我家玩，其实也不是和我玩，只是借用一个离学校近的地方。我妈忍无可忍地发出通牒，左看看右看看。我低着头，声音几不可闻：你们走吧，我要学习了。她们一边取笑我，一边在我的小床上东倒西歪。"你们走吧！我要学习了！"我提高了嗓门。她们奇怪地看着我，那个眼神告诉我，再也不会有人跟我玩了。

所有这些丑陋乌黑的珠子，串在一起就是那只叫作"社交恐惧症"的怪物。它控制了我的大部分人生，让我变成了一个喜欢默默关门读书的羞涩女孩。

当然我见过最严重的一位——这个人在一个与世隔绝的乡村小屋里面住了近十年，他的亲生女儿去探望他，得到的答复是：不要指望将来我会有钱留给你，你不要再来看我了。其后果然，他把自己封闭，去世一周后才有人发现。他女儿一年后才知道这个消息。

那个人就是我的外公，我的那篇代表作《世界上比我还要难过的人》原型其实就是他。

至今闭上眼睛都能想得起从小学回家的路。我总是独自一人，途经一个基督教小学校、一个流动小卖摊、一条长而空寂的小巷、一个小居民区门口。

有一天我注意到围墙边上的蚁群，它们和我一样卑微行走，无声无息，赤裸于天地之间，偶尔被雨水淹没，倾家荡产，复又麻木到循环来过——生命的价值在哪里呢？我都不清楚这只黑色的蚂蚁和那只黑色的蚂蚁有什么区别？

那是我第一次意识到我这种人就是世人眼里的 loser。小的时候孩子们写作文，喜欢用"充满朝气的脸"，说的就是身边这拨同龄人——他们佩戴红领巾，一道杠两道杠，走路蹦跳，就是这个时代应该生产的那种小麻雀的样子。

而世界在我的眼里，总是一副与众不同的样子。我总是达不到他们表达和学习的标准。比如他们很流畅地写出"月亮的映照下，窗户上老师辛勤工作的剪影。"我看不到这个，我看到的是剪影如同他山，与我从不相交，永远平行。

可是，经过那么多年的洗礼，当初我为什么要离开体育呢？闭上眼睛都能复制下同样的内容，脸就是名片，他们再也想不起我的本名，因为人人都叫我"易老师"。

那之后不久，我去了《南都周刊》，玩命一样地做着封面，主编已经习惯了，不管因为什么原因有开天窗的危险了，就问，易小荷呢？

然后又是突然地，各种各样的新闻开始报道同行们的转型，办公室越来越空，送上去的选题越来越难通过审批。我如同又掉进了小时候的那种环境：所有的孩子都在玩一种叫作"haozi"的游戏，你默默地站在旁边，他们笑着分组，却并没有人把手指伸向你。

于是有个朋友某次吃饭时分外感慨，他说："为啥你们这些好人儿，不管才气有多高，总在现实生活中接受不断的失败？"

我不以为意地吃饭，也不抬头，假装他描述的那个人与我无关。

2015 年，从《南都周刊》出来之后，我的一位老朋友力邀我去广州共同创业。我把书、猫都搬了过去，每天在办公室开各种会，联络客户，拜访，做 ppt。

三个月后的某一天，我的那个老朋友对我说："我想了想，还是觉得自己不适合做一个商人。"

广州很热，除了那些在 289 大院熟悉的桂花香，这是一个对我来说完全陌生的城市。但那天我走在深夜两点的路上，看那些漂浮在黑夜里的小店灯光，知道心里从未有过惶恐。

深夜两点的北京，那种"荆轲有寒水之悲,苏武有秋风之别"的场景；凌晨两点的休斯敦，"鸟无声兮山寂寂，夜正长兮风淅淅"的空寂；还有一个人凝视着无尽的深渊，不管在世界任何的地方，紧紧抓住内心的峭壁，以免掉下去的那种黯然，我已体味太多。

也许，失败这两个字对我来说太熟悉了，它和世俗意义的物质财富无关，而是一种大众的惯常标准：你为什么非要活得和别人不一样？

有一次我看到保罗·奥斯特说：要进入另一个人的孤独，我意识到，是不可能的。如果我们真的可以逐渐认识另一个人，即使是很少的程度，也只能到他愿意被了解的程度为止。那个人会说：我觉得冷。或者他什么都不说，我们会看见他颤抖。不管哪种方式，我们会知道他觉得冷。但假如这个人什么都不说也不颤抖呢？

深以为是。这么多年，行舟至此，就好像怀揣着一个秘密。如果把我的前半生投射在一部电影上面，灯光熄灭，漆黑的电影院里，我会看见一个胖胖的小女孩在沿着河流奔跑，怎么都抹不掉脸上大片的树影。那一年，她终于在《作文》上面发表文章，那是她来到这个世界后第一次意识到"自己"的存在。

2002 年被《南方体育》派去美国采访世锦赛。没有信用卡，在那个偌大的国度，甚至连语言沟通都并不是完全流畅。没有任何的朋友没有电话，每天孤魂野鬼一样地游荡。只能睡两个小时，而且，需要在一个完全陌生的领域，没有任何的社会关系网，还要去采访那个国家的顶尖人物。我在印第安纳波利斯的一家酒店门口，等了几天，做到了本·华莱士、乔治·卡尔、吉诺比利等几位超级大咖的专访。后来有人说"易小荷一个人打败了一支队伍"。再后来没多久，主编在报纸上说"易小荷是全国三个最好的记者之一"。

这些年总有人反复问我,一个我自己口中"智商不足""社交恐惧"的人,是怎么一步一步走到今天的。而今天所谓的这些独立,所谓的这些看上去比较利落的东西,会不会都是基于那些年。我总是被一次又一次地扔到那些陌生的、让人不知所措的环境,因为一无所有,所以实际上也并没有什么可以失去。我觉得即使丢给我一只马桶,我也能一点一点把它刷得干干净净。每一片贫瘠的旷野感受到的微风,每一个空落落的池塘迎接到的一滴水,对我来说都是额外的收获。

据说这个世界有一种人生态度叫作"上善莫若水流,自在不与物争"。我并没有淡泊到那么从容,甚至我在红尘之处,也与所有俗男信女并无不同。有的时候我会安慰自己,那是因为我内心深处有着另外一种标准的度量、秩序与和谐。

《了不起的盖茨比》当中,尼克初次到纽约,说他喜欢"在五号路上溜达,从人群中挑出风流的女人,幻想几分钟之内就要进入她们的生活……"我也总是看着人们走进一扇扇门,并且消失在温暖的黑暗之中。就这样,慢慢地告别一个个单位,告别我的职业,ex,甚至是北京,用晓跃师父的话"开启人生的下半场"。

有天晚上我和某人站在星空之下，或许因为宇宙浩渺，他突然感慨"每个人来到这个世界的任务都是不同的，或许大部分女人都是来生儿育女、传宗接代的，但可能你不是"。

无论在我昏睡的黑暗里，还是抑郁的低谷，我也许不能准确地描述出来，但能够感受到某种东西的存在——它们把我填充得满满的，犹如肌肉在薄薄的 T 恤下面移动。如果不是它们的存在，我就只会像一个华而不实的稻草人。

别人都在低头捡便士，我却在抬头寻找月光。就好像被无数次地追问，为什么要重新做一个公号"骚客文艺"，而且还是文学类的？为什么还要一次次重新开始？

也许，生命的本质就是这样：花开花落、生老病死、雨丝风片、悲欢离合，这一点点使人沉落的人生碎片、一份从孤独中淬炼出来的东西，才足以使得某些潜伏已久的阴暗角落被重新照亮，人生本来的色泽才会显现出来。

我很庆幸，写下这些文字的时候，发现自己没有成为某种摆设的东西，而是成为了"自由奔跑"的自己。

Part 1

我们向前奔跑，
灵魂却朝着相反的方向走去。

这个世界会像黑夜侵蚀白天一样，

一点一点地侵蚀

有些属于你的明亮和美好，

但是就算四季都死去，

有的东西会在你心里始终活着。

孤独

城市黯淡下来
街道飘落着一朵朵哑默
让我在夜半醒来的
也会让我在山岗之上沉睡

总有些汹涌
滴落到手掌
你长成一只孤独的船
就会有只桨睡在里面

那些绽放在月色下的
为什么战栗
这需要缝缀的暗
支起了脚尖

一个人起身
雏菊替秋天
在最深的黑夜哭泣

最肮脏的大象

关于大象滑梯的记忆，竟然是在老同学的照片中找回来的。

在公园的人工湖旁边，有个硕大的大象滑梯，我们本地人叫它"梭梭板"。它陪伴小城几代人度过童年时光。水泥的身躯脏得不成样子，油漆褪了色，泥灰裂开，大自然的洗礼在它身上留下了冲撞的印记，就像是马戏团里那些衰老瘦弱的动物，失去了所有的尊严，此后没有在任何一个地方见过那么凄凉的大象。经年累月，这个小城的每一代孩子都会络绎不绝地爬上去，再从象鼻之中一个个地出溜下来，感觉意义非凡。

那是属于小城人民的标志性暗语，就像一个胎记。你知道你来自哪里，因为你们有共同记忆中的肮脏大象。

我在这里遇到过一个找猫的老太太，她看上去满脸沮丧，她用热切的目光投向我："我的猫，跟了我十年，也就是我孙子的年龄。孙子小时候我喜欢带他来这里玩，所以猫也跟着熟悉了这个地方。"

然后她独自坐在冰冷的大象屁股那个台阶上，露出寂寞的神情，看起来就像是正在等待审判的犯人。几近全白的头发，后面梳成个鬏，鼻子挺拔端正，甚至是端正得有点儿过分。她咧嘴说话的神情，流露出来的气质却完全与她的五官不搭。看着她忧愁的皱纹，就好像看到优美的五线谱和没有调好音的乐曲一样。

"我的猫啊，"她说，"我的孙子啊。"

在她散乱的叙述中，我的脑海里闪现出另一个不相干的场景，那是 20 世纪 80 年代的某个早上，看到有人竟然从大象的肚子里钻出来，我吓得躲了起来。那是个女人，蓬头垢面的样子，像是在这里躲了一夜。

不一会儿有个男人过来了，两个人在那里神神秘秘、窃窃私语。

"梭夜子！"我用刚刚学到的最恶毒的话来骂他们，还扔过去一块石头。那个时候我上小学了，学习到的关于性别的第一课就是要远离异性。上课的时候我和同桌的男同学画线为界彼此仇恨。我也看到邻居大姐姐和约会的男孩隔着一条街走路，政治化的语言就是他们彼此之间的情话。

20 世纪 80 年代的小城，公园只有一座，梭梭板只有一个，生活中并没有那么多选择，却丝毫不会让人担心世界太大会走丢。大象是最佳约会地点。这里没有茫茫人海，也不会因为时间流逝，让人陷入到 A 还是 B 的选择恐惧症之中；它同时也代表着那个时代的审美，它就是小城的西单大悦城和东京新宿地铁口。

我还在这里遇到过一个女人，乌黑的长发，她的美貌足以使所有见过的人目不转睛，抚摸着自己的肚子，她说："你知道吗？他们要我把他拿掉，"她望着大象，眼睛里全是遥远的期望，"可我能感觉到他会是滑得最快的一个，他会特别喜欢这里。"

后来我才知道那个女人是我妈妈的同事，她果不其然没有拿掉孩子，也没被单位转正，最后得了产后抑郁症，变成一个胖子。

我很想知道那个孩子怎么样了。其后我经常来这里，偶尔就会想起来，那群活蹦乱跳的孩子当中有一个也许就是那孩子。

小城太小了，小到这一处地方就足以容纳所有的人间故事似的。

据说飞轮开门，就是无论你是顺时针转动飞轮还是逆时针转动都能将门打开，但一定要坚持。如果你时而顺时针，时而逆时针，那就无论如何都打不开。

但是命运有的时候就是对不上那个齿轮，差之毫厘，谬以千里。

那个时候我们都是这样从大象的椭圆后臀爬进门，沿着两边有扶手的石级而上，钻过象屁股透出肚子，再从象鼻一蹴而下，刺溜就到地面，无限循环。

只是那个时候我们并不知道，人生的路径会从这里分岔出去。

而卑微如我，也像一根随风逐流的羽毛，轻飘飘地从这里飘走，徘徊在不同的城市和男性朋友之间。那些城市，都有着闪闪发亮的夜景，优雅奢侈的音乐厅，喧嚣世俗的商场，令人眼花缭乱的新鲜面孔，但这十年就像一场梦，醒过来就会发现，原来只是如同昆虫的触角，曾经微不足道地触碰过这个世界。

什么时候我才开始意识到，也许走出这座小城的、从大象脚下走向远方的并不是我，也许我是那个差点被杀死在妈妈肚子里的小孩，也许我的身躯曾经走在这里，我的心热切地期盼着恋人的到来，也许我在这里驻足过一生，渐渐老去。

悲哀的是，很多人都不曾发现，他人身上的苦难和遭遇其实也是发生在自己身上的。

我在公园逛了很长一段时间。在我最终望向那个大象的时候，无论是去迈阿密，游瑞士，下西班牙，穿京都，一直积压在我心中的沉甸甸的负担，竟松弛下来。

我望着它，肮脏到凄凉的大象，那种注定被这个年代遗忘的老旧和朴素，却宛如我寻求已久终不能得的某种东西，某个渴望已久终于不期而遇的春天一般……

环顾四周，头顶的蓝天里出现一片密匝的大雁，飘忽着靠近了，倏而又化为一阵细碎而匆忙的黑线。公园里的人工湖上面，漂荡着几只红色的小船。肃穆的蓝天之下，红的绿的树抖落着各色花瓣……这春天的大象，以并不那么和谐的状态跃入眼帘，却有种怪异的美。

我再次久久地望向它，屏住呼吸，仿佛一丁点儿动静，都足以惊骇了它似的。而它停驻在那里，那种纷乱不堪就好像是悄悄地吸收掉了这世间的各种污浊在体内，存心要与这春日的缤纷格格不入。

我看到某个作家写道："当人们沉湎于自己的私情时，是会彻底背对整个世界的。"

恐怕背对整个世界的是那头大象吧，就像那个老妇人，她怎么不明白，世界一直在改变某些东西，她的孙子，她的猫，她的记忆……花瓣会死去，春天会死去，大象会被抛弃被腐蚀，所有的回忆也会如同春夏秋冬一样来临离开。微弱的生命里，那些无法实施的希望，有些人坚信它，有些人远离它，而把它们归于尘土的，任它被风雨腐蚀的，其实是时间啊。

伦敦的呼唤

我一直都觉得，我之所以有今天，和她有着密不可分的关系，尽管在我十四岁的时候根本不懂得什么叫作宿命。那一年我们恰好学到了这个表达法"it is written"，它是被写上去了的，就写在了我们十四岁的记忆里面，白纸黑字，无可替代。

那一年我休完病假回来的时候，突然发现同学们都在魔怔似的喋喋不休，男生们心不在焉，女生则颇有些不以为然，但这也不妨碍她们念经似的传播着一个名字。课间操的时候，甚至有两个女生因为争论此人头一天的头饰是蝴蝶还是蜜蜂而大吵了一架。

桐梓坳这种地方，自东到西也就五公里，却容纳了我们中学和一个繁华的商业区，如果有什么秘密，一天之内就足以传得人尽皆知。

整整一个上午我都没有看见她，她的课桌上码着一排整齐的书，看上去和其他同学没有什么不同。倒是在第三节课的时候，教室外来了个探头探脑的男生，说男生未必有些侮辱了他的年龄，那是一张成年人的脸，嘴边一圈胡楂，戴着的墨镜根本遮不住眼角的细纹，长长的上半身都露在窗户框外——这足以证明他的身高起码得有一米八左右。

后来被问话的男生颇有些扬扬自得，仿佛他比别人掌握了更多秘密的样子。

"那个男的听说李乐不在，很失望，让传话说他的通讯方式没变……"他欲言又止地透露。

此后没有多久，其他班级的同学，主要是男生，频繁地出现在我们教室的窗口，一个个装得若无其事，眼睛却都来回扫向她的课桌。我心里一直在要不要履行自己班长的职责去赶走那些无聊人当中挣扎，直到第四节课的铃声响起来。

她是踩着铃声进来的，抑或是在铃声那尖厉的长音收尾之后的那一瞬进来的。周围的人总算没有丧失基本的礼貌，假装了一种表面上的淡漠。我个子太高了，只能坐在最后一排，这使我足以俯视整个教室的一切，包括她穿过座位中间的过道缓缓走过来的样子，没什么特别的呀，我心里想。

"你，改去坐班长旁边，以后你俩就是新的一帮一小组了。"

就在她几乎都快走到自己座位的时候，班主任的手指头厌恶地向她虚晃了一下说道。

这句话像是斩断了的一条活蹦乱跳的肢体一般地突兀。她倒也没说什么，只是轻巧地转过了身，看看我，这个时候我才发现，她穿的是一条黑色的短裙，侧身转过来的时候，裙子旋开了一个小小的弧度，就像是一朵花。

我像所有正常女孩那样长大，没有任何人在我身上用过"麻烦"这样的形容词。我从不和同年龄的孩子发生争执；我考试没有得过第二；我是妈妈的乖宝宝老师的好班长；男生们甚至都不敢给我任何纸条。但是在起初坐她同桌的时候，我真心觉得她会带给我许多麻烦。

她确实……有些与众不同，尽管她上课从不迟到，也遵循大部分校规，可她就像是游离在这世界之外。一到上课时间她就拿出耳机插到她那个小巧的 walkman 上面，眼神从此长久地安放在一个事物之上，比如课本，比如她红得发紫的手指甲，或是她那面小镜子，然后就再也没有任何响动能干扰到她的世界。面对那些指指点点、嘈杂的女生，她戴着耳塞，缓步从她们身旁走过去的样子，就像是一簇捉摸不定的火苗，既美丽，又散发着危险的气息。

校园内四处散植着紫薇，长大以后，表皮脱落，树干光滑。

北方人叫紫薇树为"猴刺脱"，是说树身太滑，猴子都爬不上去。它的可贵之处是无树皮。物以稀为贵，世界上千树万木之中有几种是无皮的，而且还能开出艳丽的花？

这种茂盛的植物对于一无长处的桐梓坳是个妖异的谜，就像李乐为何会奇妙地走进我们学校。

她总是一如既往地去办公室罚站，无非就是因为忘记将披散的长发束起来，或是将脸上的粉底卸掉，再者就是为了那条过分短的半裙。我在那里见过她一次，老师在夸奖我的一道数学题解得巧妙的时候，斜眼瞄着她。她逆着光站在窗户前，根本看不到她的表情，过了一会儿有风了，便把她的头发吹得飞了起来。她站在那里，就像站在一幅色调疏淡的水墨画里。

每天放学都有形形色色的人在校门口等她，她有时候选择跨上一辆自行车的后座，有时候索性挽起某人的手臂。

那些人无一例外都是成年人，他们个子高挑儿出众，他们谈吐大方，他们的平均年龄看起来能有遥远的三十岁……

他们不像我们身边的男孩只会咬着笔杆子，把揪下女生的长发作为唯一的乐趣。

由于是多音字，我总是念不好她的名字到底是"yue"还是"le"，但不管怎样，我是不了解她的，她和我的世界完全不相干，也多半不会有交集。

我们之间真正的交谈竟然还是从课外兴趣小组才开始的。

我那个时候之所以选择生物就是因为听说可以外出采风，我从来没有机会远离过妈妈，一天都没有。

周日，兴趣小组组织去很远的山上采集标本，这是 5 月最好的天气，天空蓝得发紫，空气里有种甜蜜的倦怠感，斜坡上开满了各色各样的花。

我因为花粉过敏不住地打起喷嚏的时候，她却穿行在花草之间，炫耀似的告诉我们各种各样花草的名字。一开始大家倒也敷衍着听下，走着走着，都不知道散到哪去了——她们自然也没叫上我，说到底在她们眼中，我也就是个书呆子。

这完全不足以令她沮丧。她一改从前那种缓慢的步调，嘴里哼着不知名的歌曲，那是一些有关爱情的旋律。在我规规矩矩的人生当中，连"树上的鸟儿成双对"这样的句子，也在妈妈的禁止行列之中。我们应该年龄相似，那么，她是怎样长大的，又是从哪里听到这些歌曲的呢？

我们之间没有交谈，只听得见脚下发出的咔嚓咔嚓的声音。间歇停下来，她摘了一朵蒲公英别在纽扣处。当我们行走到一棵橡树前的时候，她不但准确无误地告诉我这棵树的名字，甚至还指出上面叫个不停的那只鸟是云雀。

我们走过去的时候，鸟叫声一下停住了。刚想发问，她捂住了我的嘴，用口型告诉我，如果保持安静一会儿，一定能听到它再叫。

随着风摇曳，光斑来回在我们脚下变换着形状，还有从叶缝中漏进来的阳光所造成的阴影。我们像两个泥雕似的站在那里一动不动。

风从四面八方吹过来，灌进我的脖子，可是为了不弄出一点儿动静，我拼命忍着，咬住嘴唇——我的样子恐怕是太尴尬了，先是她忍不住了，扑哧一声，接着我们都笑了起来。一只鸟被惊得飞远了。我们笑得更大声，直到肚子都笑疼，还蹲在原地为了笑而大笑着。

过了一会儿，云雀真的就叫了起来。那是一种持续的成串颤音，像是在风中被冻得哆哆嗦嗦而发出来的。当我说出这种想法，她便又是一阵大笑，那是比云雀还要悦耳的笑声——那天她笑得未免也太多了些。

接下来的一个周末，她邀请我去她家。同学们大多住在桐梓坳的附近，我俩的家凑巧在同一方向。

一个大院里矮旧的楼，我们沿着有些阴森的楼道爬上去，直到顶楼，眼前是一条灰暗的、只有一扇窗户的过道，她家就在过道尽头的最后一间。奇怪的是，她突然开始蹑手蹑脚，我也跟着敛声屏气。她掏出钥匙打开门，进屋之后才转过身来向我打手势，让我跟她进去，好歹没有发出什么大的动静，终于进入她的卧室。

"爸爸不喜欢我带朋友回家，"她把门轻轻地掩上，接着就特别放松地微笑着，"看样子他今天不会回来了。"

她又若无其事地加了一句："反正也不是亲生的。"

她一边说一边抱起卧在床上的一只大猫，那只猫身上花里胡哨有好几种颜色，像狐狸多过像猫。它的瞳孔中间有一条竖直的裂缝，里面闪烁着奇怪的怀疑，但是很快就躺在她怀里打起呼噜。

她在屋子里显得忙碌得很，一会儿去外屋给我倒水，一会儿又大费周折把客厅的那个录音机和音箱拿进来，张罗着要给我放什么音乐，说是要让我见识见识。

我到现在都形容不出来第一次听到那种音乐的感觉，我终于明白那天在山上她只是在简单地模仿。音箱里面的声音，像是从很远的地底下传出来的，我完全不知所措了。我还不会那么多的英语单词，只觉得那些歌词就像是一种咒语在这个小小的空间传播。她一边一句句地告诉我注音，然后鹦鹉学舌一般地跟着歌曲在唱，一边还来回旋动着她的小短裙。那些磁带散落在水泥地上，就像从她身上凋落的花瓣。

她给我看搜集的各种各样的海报，小心翼翼地像展开地图一样地展开它们，说是好不容易托亲戚从外面带过来的。上面的人大多长发披肩表情愤怒，我不懂他们为什么无一例外要把自己弄成那样，和当时电视上流行的那些把自己收拾得一丝不苟的港台歌星多么不同呀。但是奇怪的是，我丝毫不觉得反感。

　　光线渐渐转暗，我才发现外面不知不觉刮起了风，一副暴雨将至的样子。房间如同暗夜一般，隔着窗能看到天空中那些深藏不露的电流、满天飞舞的杂物，好像有个巨人在痉挛似的抽风，时不时就拍打一阵房间的窗户。雷电的每一次霹雳声，都能伴随我的一声尖叫。她在旁边跺着脚，指着缩成一团的我和猫大笑，还索性将音量开到最大，房间里的家具好像都在随着音箱里的节奏抖动，水泥地也在摇动，还有颤动的房屋，我们俩简直像是在大地的摇篮之中。她张开口型继续跟着音乐唱，还卷起张报纸当作是麦克风。那一瞬间她像是在驾驭着音乐，或者说在驾驭着这个不安的世界。

　　　　London calling to the faraway towns

　　　　The ice age is coming, the sun is zooming in

　　　　London calling

　　　　London calling

London calling

London calling

London calling

那天晚上回到家有些筋疲力尽的感觉，我梦见了她，我们一前一后骑在旋转木马上，一起唱她教我的那句"London calling"。她的歌声悦耳，我一开始只是轻声地和着，慢慢地，我也开始哼着那首完全不明白意思的歌曲。像是为了响应我们，各种各样的鸟都开始啾啾地鸣叫起来，音乐在天地之间游荡。这时飘来了很多五颜六色的肥皂泡，旋转木马的速度越来越快、越来越快，我们的声音也越来越嘹亮，直到它们像一发发子弹般地击中那些泡泡……

班里的女同学有意识地逐渐疏远着我，甚至一待我靠近就完全噤声；男同学则似乎抱着一种不怀好意的讨好，只为了从我这里套取更多关于她的消息。

我从这个时候才开始注意到，女同学们都在慢慢变化，她们不再关心那些西瓜籽是否会在夏天结出果实，也无所谓云雀和乌鸦的区别。在课间的时候她们甚至也不再拿出橡皮筋——她们越来越多地凑在一起，没完没了地聊天。而她们最大的变化就是一边在我们身后窃窃私语，一边却又默默地在模仿着她走路、说话，甚至穿衣服的方式。

那个学期我过得实在快活，以至于每天早上起来我都会忘记是星期几。我和她有太多未来的计划，未完成的探索，比如躲在她的房间，尝试将人生中的第一口烟从鼻腔里喷出来，再比如她手把手地教我打上粉底涂上口红，或者尝试着把我家的某幅窗帘改成一条带有褶皱的短裙。我不得不承认在这些事情上面她更有天分。最重要的是，她竟然把她那个 walkman 送给我作生日礼物。在那些源源不断的音乐里，她教我辨别什么是吉他、贝斯和鼓。

放学的路上，如果她没有被某个男人约走的话，我俩也会一路闲谈。通常是她向我普及些音乐常识，什么A调E调G调的。当然啰，关于和那些男人之间的所谓交往是这当中的调剂品。这种时候她往往眉飞色舞，把那些男人的面部表情模仿得有声有色。

"那天那个男的，你记得我跟你提过的，那个开工厂的叔叔，约我去吃饭，我们随便吃了点东西，然后他就提议说带我去什么酒店玩玩。哼，以为我不知道什么意思啊，我就说，难道你以为我是小孩吗？别给我来这一套。他傻在那里，呵呵地乐着说，我不知道多想不把你当小孩……"

我默默地点着头，在一天的学校生活之后我很乐意听到这些，尽管它们与我的生活相差十万八千里。当轮到我讲述的时候，就开始变得缓慢而平白："放学之后，妈妈在家里做好饭，两菜一汤，妈妈说我应该多吃点白菜，对身体有好处。吃完饭之后看了一小会儿电视就开始写作业，先是语文，然后是数学、英语……我妈在旁边打毛线，偶尔和我说句话……"

我说的无非就是这些稀松平常的琐事，她却从来不打岔，只是盯着我看，我猜她脸上流露出来的是某种羡慕的神色。

我们已经到了可以高谈阔论自己远大理想的年龄。不过长久以来，我的理想就是我妈的理想，四川大学、重庆大学之类的。而她的理想——她好像从来都不说我要干这个、我擅长干那个，她从来不提那些未来的事情，或许那些事情根本不在她的考虑范围之内。

一个周末，我去市中心的文化宫和她碰头，她迟了整整半个小时，遮遮掩掩的长发，撩开来眼角一片淤紫。她也不小女孩似的撒娇，只是解释说摔了一跤，反复心疼那盘摔坏的磁带，然后从书包里拿出来给我看，就是有 *London Calling* 的那盘。刚学到一半呢，她不无沮丧地说，那盘磁带摔得着实不轻，简直像是有人用锤头把它砸成了碎片。

之后她依旧兴致很高地拉着我，七拐八折去了文化宫旁边的一个屋子。潮湿又阴暗的空间，一堆乱糟糟的器材胡乱地扔在地上，墙上刷着难看的油漆，几盏明暗不定的灯吊在天花板上晃来晃去，一群人在房间中央的小舞台上，来来回回地弹着一些不知所谓的音调。

她却认认真真地坐下来，一脸崇敬的神情，间或嘴里也轻声地哼上两句，其间她指指台上其中一个长头发，"上次那首歌就是东哥教我的"。

那个叫东哥的人从头到尾没有看过我们一眼，甚至连敷衍的招呼都没有。他怀里抱着一把吉他，脸上有着和她一样旁若无人的表情，无精打采地站在那里，仿佛要从那玩意上面找到什么似的，苦苦地拨弄两下，停两下，又思索一番。

我对此颇为好奇，反复地向她提出各种疑问，她耐心地向我解释，不料台上立即扔过来冷冷的声音：没看见我们在工作吗？

她小声地道歉，脸上的那种表情，像是不小心搅乱了科学家的伟大发明，还会因此而延缓人类的进程似的。我突然想起有一次，唯一的一次，生物考试发错了试卷，我才知道她的分数比我还高一分，可当时她随随便便地就把试卷皱皱巴巴地塞进了书包——她不是一向对这个世界的一切都无所谓吗？

那个下午我们就那样待在那间嘈杂到让听觉受损的地方，我们之间再也没有交谈，就像挨罚面壁一般敛声屏气，直到太阳落山。从那里走出来后，她才告诉我说那是"排练"：没有好的排练，成就不了最后完美的演出。

后来的那段时间她反复在我耳边念叨说，想找谁借钱重新买盘磁带，甚至滋生过要去哪里做零工的想法——令人沮丧的是，还有一个月，她才到十五岁呢。

我们每天放学都会路过音像书店门口，那是桐梓坳唯一可以买到磁带的地方。那天我们欣喜地发现又进了很多新货，她像是找到了大本营一样地来回穿梭，嘴里兴奋地念叨，改天来买这个，买那个……我正仔细阅读一盘磁带上面的目录，忽然看到她正在做一件不可思议的事情：她把磁带外面的薄膜撕掉，那么轻巧地一塞，就放进自己长大衣的兜里，她眨眨眼睛，暗示我也照做。

不知道是不是交班的缘故，正好周围没什么人，也有可能大人们对两个小孩没什么防范……一切都很顺利，尽管我觉得当时的我一定面无人色。我们挽着手，急急地往外走，我甚至一度怀疑站在门口的那个保安大爷能听得见我雷鸣般的心跳声。经过一个台阶的时候我还差点变成了同手同脚，就在我们快要走出门口的时候，大爷居然真的叫住了我，他说："孩子，你这围巾哪里买的？回头我也给孙女买一条。"

我们跌跌撞撞地冲到街头的人群之中，清点着怀里沉甸甸的磁带，里面就有那首 *London Calling*，"我终于又有一盘新的了"，她说。我们又开始狂笑，直笑到直不起腰，整个人都要瘫在地上。黄昏的时候，大人们忙着赶路，没人停下来看我们一眼。

"唉，咱俩要是天天都这么开心就好了。"我捅了下她的腰。

"你是说天天来弄磁带听？"她反问，"干脆去那儿上班得了，还能每天免费听呢。"

她一边腾出手去把磁带的歌词单拿出来，凑在鼻子上闻了闻，"真好闻啊！"

"你最喜欢这里面哪一首？"我问她，"应该就是这首伦敦的什么吧？"

"《伦敦的呼唤》，东哥告诉我的，"她笑起来，"多么棒的名字啊！伦敦，一听就是个好地方，在那种地方肯定什么都有。"

"我们地理课不是学到了嘛——伦敦是英国的首都，英国和中国隔着欧亚大陆和一条海峡，如果是走海路的话，先到太平洋，向西经过马六甲海峡，经过埃及的红海，过苏伊士运河，到达地中海，然后横穿地中海，到西班牙，过直布罗陀海峡就到了大西洋，最后往西北方，就是英伦三岛。"

"也难不倒我，"她点点头，"中国和英国先隔着一个欧亚大陆，然后是一条海峡，这个海峡就在大西洋上……东哥说他去过，那里遍地都有人在唱歌，不分昼夜，快活得很。"

"他是不是什么地方都去过啊？"

"那当然，他都十九岁了，他是大人了啊，"说到这里，她脸上有些小小的沮丧，"我连成都都没去过呢。"

她转而又自我安慰："等我长大了，就可以离开这个家，去四处走走了。"

然后她认真地伸出小手指："我俩一起去好吗？答应我。等将来我们长大了，第一站就去伦敦。"

黄昏的街道，放学的学生们潮水似的涌过来，还有下班的人群，奇怪的是两股人群竟然没有合在一起，像是两股毫不相干的河流，兵分两处，各归其所。

我和她站在那里等公车。望着喧嚣的街道，不知道为什么我突然意识到一个遥远而甜蜜的事实，总有一天我会慢慢地加入到那些成年人之中，成为像他们一样的大人，过着自己想要的生活，去那些看上去陌生得一塌糊涂的地方。

期中考试的时候，我破天荒只考了第十名，老师和家长如临大敌，他们轮番和我谈话，劝导、鼓励、批评、指正，直到我在他们面前失声痛哭，他们才满意地鸣金收兵。

过了几天，我竟然被意外地堵在了校门口。班上一群气鼓鼓的女生，要我立即表态，同她划清界限。

我当然不知道事情的起由是她们全都喜欢的那个男生，我们班的"班草"一门心思喜欢上了李乐。但碍于她的那些"守护神",她们只好先从我这里下手。

从那以后,我要收的作文本一本也收不上来;老师让我负责的自习课,大多数人都在那儿玩纸飞机;我的课桌里面每天都有着不同的惊喜:一会儿是肉乎乎的毛虫,一会儿是黏糊糊的鼻涕,还有一次是只臭得恶心的烂球鞋。

后来的一节体育课,是我们班的内部排球比赛。一个块头颇大的体育特招生,尽管素无交往,只是见过她和校外有些流里流气的男生站在角落、大大咧咧在抽烟。起先是她以我犯规丢分之名颇为不满地推了我一下,当我艰难地从地上爬起来的时候,人群中又有谁伸脚绊了我一跤,这一跤直接把我送进医院。

我只是轻微的脑震荡,稍微在观察室待了一下就出来了。只是把妈妈吓得够呛,她恨不得请上一个月的假来照顾我,好像我是一个三岁的娃娃,还为我熬鸡汤,虽然这些营养对我受的那些伤无济于事。我常听别人形容说我妈怎么不容易,作为一个单亲母亲带大我,还能教育得我这么懂事听话。在过去的那么多年当中,我从来都没有让她操过心,可是突然我觉得,这种历史不会再有了。

一年一度的优秀学生评选又要到来,那些抽屉里都塞不下的奖状,我实在没有看出它们和我的生活有什么关系,仅仅只是为了每次拿回家，可以看到妈妈难得的笑容。这一次学校不知道因为什么奇怪的原因，提议民主评选——当然，候选人由班主任提名。

这时候乱七八糟的议论就出来了，有人发誓不会让我当选，还有人说要联名让老师把我候选人的资格取消掉，甚至还有人写来一封直截了当的匿名信，勒令我举手投降。

那个下午，我远远就看见了她：院子里四处都堆着煤球，她在那里一跳一跳的样子就像只青蛙，怀里竟然还抱着那只猫。她穿着条白色的连衣裙，上面有些奇怪的装饰，一动就会叮叮当当——她总是那么会打扮自己。

天气已经热得发出了嗡嗡的颤音，这是个白得发亮的下午，院子门口连棵遮阴的树都没有，我喊住了她。

她大喜过望，转过头来就说又买了一盘新磁带，回头借给我听，又说终于学会了 *London Calling* 的副歌部分，还说正打算带猫出去遛遛，问我要不要一起。

站在她家楼下，我注意到她第一次没有化妆，只是很随意地把头发挽了个髻，没有了那些粉底的遮盖，她的皮肤有一种透明的特质，阳光像是随时都能穿过去一样。

"我有话要跟你说。"我说。

"什么事这么严肃？"她轻轻移动了下身体，把重心调整到了一只脚，另一只脚尖仍然俏皮地支在地上。

"我有话要跟你说。"我又重复了一遍。

那首歌真的很好听，什么时候能教我唱完？我新发现一个调频是莫斯科中文台，每天中午都有一个小时音乐时间……

我心头涌起的全是这样的话。我艰难地张开嘴，可是我惊讶地听见，舌头它好像不是自己的了，那些话到嘴边变成了完全陌生的另外一句：

"你搞破鞋，你和你爸搞破鞋。"

我听见自己说。

她呆在那里，怀里的那只猫喵的一声跳了下来。

"李乐搞破鞋，李乐和她爸搞破鞋。"我提高了嗓门，"李乐搞破鞋！李乐和她爸搞破鞋！"我听见自己尖声地说。

我知道不远处，她们所有人，都在等着看着。猫不知道什么时候跑到了我脚边，来来回回地蹭着我的腿。

有几秒钟，漫长得好像永远，我们之间只留下沉默，那些叽叽喳喳的日子里从来都没有过的沉默。

猫还在脚边，我晃动了下腿，它就是不走，眼睛里是那种我第一次见它时候的怀疑。我说快滚开，我大叫一声，然后拔腿就跑。

我跑

跑

跑

跑

跑

跑

跑

跑

跑

跑

跑

跑

我想一路跑回过去，跑回第一次看见她的那天，跑回那个黄昏的街道，跑回那个乱糟糟的排练场，跑回那个空荡荡的山谷里，一只蝴蝶，它刚刚脱茧而出，有着潮湿而幼嫩的翅膀。

她说，虽然艳丽，但却短暂。

夏天结束的时候，她的座位空掉了。一开始我们都不以为意，仍然有无数陌生的面孔在教室里晃来晃去，借故经过我们班的窗口，或是来来回回站在她的座位旁边。

过了三天，班主任老师来上课的时候，例行地通知了一下关于她的事情，大概讲到什么父母工作调动……什么退学……什么四川的山区，我不知道是怎样晕晕沉沉听完这段与我毫不相关的故事的。

班里有种对一切变故都照单全收的简单——她的座位空了很久，没有人补上，班里从此恢复了正常的秩序，大家忙着上课、升学，也有人忙着谈恋爱、打架。只是再也没有人能有这么大的动静，会成为大家口口相传的故事，只是偶尔在新年晚会不知道该穿什么衣服的时候，某个女生的话语中不小心闪过一句和她相关的怀念，她的名字就像是转瞬即逝的火花。

时间太久远了，那些回忆像一片片落叶纷纷飘远。2008 年的 5 月，因为那场可怕的天灾，我费尽周折找到了她的电话，是个座机号码，但却从来都没有打通过。

我不记得自己怎样长大成人，我也不记得我是怎样走到北京工体的这个舞台的。现在已经是 2010 年的冬天，台下全是密密麻麻的人头，灯光耀眼到我根本无法看清周围的世界，除了眼前的麦克风。音乐响起来，我听见自己在唱 *London Calling*。他们全都起立、鼓掌，他们说这才叫作真正的摇滚。摇滚是这个世界最直白表达生命的方式，早在二十年前，就有个姑娘这样告诉过我。

只是可惜，她没有坐在台下，没有听我亲口告诉她，那一年我退了学，我买了人生中的第一把吉他，我留起了长发，我四处流浪，我还喜欢在起风的时候背朝着山谷，一个人听云雀的声音。

向着天空猛烈射击

聂鲁达说过，朋友死了之后，会回到我们的身体里再死一次。

阿猫那次抱着我的时候姿势很怪，是种挤压骨骼式的抱法。他是最后一个和我道别的，连带他壮实的身躯，就像棵灌满了酒水的大树倒向了我。我没有特别在意，反倒是大家摆出了一副戏谑的笑容。

他们从小到大对阿猫都是这种表情，我都看习惯了。

五岁的时候我就开始跟着大院的男孩子们整天野来野去，比如每天去游泳池，他们个个都是高手，我是唯一一个不会游的，但是为了能够有资格和他们混在一起，我还得假装自己会。于是我颤颤巍巍越游越远，下一个瞬间，我被一个莫名的浪头摁进了水里，一大口水呛住了我，岸瞬间漂流得很远，我突然有一种不祥的预感，直到有双手在后面托了我一下……

那个就是阿猫。后来我长到一米七，喜欢把手肘搁在他的肩膀上，可见他的个头有多小。也许就是这个原因，小时候我一直否认他喜欢我的事实，就好像那种不般配的喜欢会给我带来一种羞耻感。

许多年以来，他们都嘲笑阿猫是处男。不知道是不是这个原因，他身上仿佛有一种需要时刻莽撞地去证明自己的东西，比如打架，他喜欢冲在前面；比如他成绩很差，但他看上去学习却很努力；一群人在一起喝酒的时候，他可以为了一个"干了""敢不敢"这样的话，就把自己灌得吐出胃酸。

阿猫唯一擅长的就是使用弹弓。他有一把响当当的弹弓，是他亲手做的。那把弹弓的与众不同之处在于皮条，那四根皮条是用不知道哪里找来的破旧轮胎做的。他的衣服兜里藏着四颗锃亮的钢珠。每次当他屏住呼吸，全身凝固，他射击的动作敏捷，一气呵成。他沉着、稳定，站立的姿态，就像是威震江湖的镖师，仿佛手头捏着的不是一颗钢珠，而是一颗颗例无虚发的子弹。

天气暖和的时候，阿猫会在我窗户底下叫我起床，开始我们的"探险活动"——因为我们发现，早晨的小鸟比较多。

胡乱吃一口早饭，我们就开始执着地寻找各种茂密的树林。有时候一守就是半天，看见麻雀就一路追一路打。它们飞到树上，我们就追到树下；它们飞到草丛里，我们就用石子往草里乱射把它们赶出来。看上去似乎不成章法，实际上手足无措的只是我一个——多数时候我是靠运气，在漫天雀雨中撞上一只两只。而阿猫总是不慌不忙，从兜里拿出一根烟，吸上两口，等到那群慌不择路的鸟飞到足够近的地方，他会大喊一声"着！"然后绷紧那根大号特制弹弓的皮条，气沉丹田，单眼瞄准，像一把机关枪那样扫射过去，能在二十秒内射下十只麻雀。我至今都能清楚地记得砸中小麻雀的身体后，那种属于肉体的有质感的闷响和它们落在地上的重量。

那是个周末的早上，阿猫又在窗户底下敲醒了我，"你想不想赚点外快？"他问我，从书包里面掏出他的弹弓晃了晃。接下来他告诉我，有个饭店向他透露，如果能够搞来些野鸽子和斑鸠，"或许会有客人感兴趣"，那人告诉他一个让他无法"拒绝"的数字。

"我给你十分钟时间考虑，兴许能够给你妈买点什么。"阿猫把妈妈放到了最后，或许他知道我很难拒绝这个。头天晚上，我爸我妈又关着门在房间吵了一晚上，薄薄的门完全抵挡不了那些声音钻进我的耳朵，"钱钱钱，你他妈整天就知道钱！"我听见我爸在怒吼，大概是为了买还是不买一枚小小的戒指。

那天我们走了很远，几乎靠近市中心的近郊。我们从一个废旧厂区后面的山坡爬上去，再穿过一片树林，阿猫转过身来，用手指放在嘴唇上面做了一个"嘘"的动作，然后弯下腰去，从一个像是围墙缺口的地方猫腰进去，我跟在他身后，直到眼前豁然开朗，看到那些大理石的墓碑，我才发现他竟然带我到了一片墓园。

这里散发出一种只有夜晚来临才有的静谧，我们轻柔的脚步声在松软的草地上清晰可闻，四周的松柏向天空伸出硬朗的线条，稳住那些铁青色的云朵，在那些密密麻麻的树木之间，随处都是深不可测的死角。每个拐角都似乎隐藏着不知道什么东西一晃而过的影子，经过树木和墓碑的折射，光泽一层层变得暗淡而又阴沉。

阿猫带着我爬上一座小山脊，从那里可以远眺桐梓坳的部分景色。

收获倒是不小，打下来整整二十只斑鸠，我带了个麻布口袋，把它装得满满的，隔着薄薄的布袋子还能感觉斑鸠的跳动，就像脉搏似的一突一突。阿猫坐在地上，靠着一块石头发呆，两只手臂垂下来，覆盖着膝盖，那是一种只有成年人才有的疲惫表情。

天色又暗了一些，我俩坐在那里休息、抽烟。阿猫从斜背的书包里拿出一瓶啤酒，自己咕咚咕咚地像喝水那样喝了一大口，然后递给我。

"记得我特别小的时候，我家的墙上总会出现一些壁虎，"
他说，"那时候我还小，看着就害怕，而每到这个时候我爹就
会拿出他自制的弹弓很准确地射中壁虎的尾巴，让它断尾逃跑，
百发百中，所以每次大院里的小孩欺负我的时候，我就吼一句
'等着我爸的神弓！'然后他们就会逃之夭夭。"

"那他现在呢？"我顺口问了一句，可能确实不知道该说
些什么，这之前并没有听他提及过他家里的任何事情，即使我
们关系那么铁，打了整整几个冬天的麻雀。

他看了我一眼，两个黑眼珠子又圆又小，眼中深邃的小光
点就像那些摆在墓碑面前的香烛。

"喏，"他用手指了指山下的位置，"第四排第八个就是他。"

我把酒小口地含在嘴里，然后再细细地咽下去。

"对于小时候的我来说，弹弓太大，握都握不住，更别说
拉开弹弓的皮筋了……"

我抬头看看，月亮在天空露出了括号的轮廓。"我们需要
下去拜拜吗？"我小心翼翼地问他。

阿猫没有出声，过了一阵儿，他慢慢悠悠地说："不用了，如
果拜拜有用，那就早该让王老头（他的继父）下去陪他了……"
那瓶酒已经喝到见底了，坐得那么远都能闻到他身上那股冲人
的酒味。

"你整天在担心什么？"他咕咚灌完最后一口，"考不上大学，还是怕将来嫁不出去？"他问我。

"神经，我没在担忧这些。"

但他好像根本没有听到我的回答，咧了一下嘴。也有可能那压根是我的幻觉。他把自己沉默成了一个侧影的轮廓，好像要把自己坐成墓碑。我那个时候年纪还轻，不懂得什么叫作虚无，更不懂得那种莫名其妙滑进一种物我两空的状态。

听见咕咕的叫声，我才醒悟过来有只小鸽子近在咫尺，就在我们面对着的一块大理石碑上面。它歪着脑袋，先是用一只眼睛瞄我们，然后又换了只眼睛，它的脖子一伸一缩，就跟弹弓那根有韧性的皮筋似的。

我悄悄用手去书包里面够我的弹弓，阿猫却按了下我的手。四周那么安静，我们仰头望天，群星中，有一颗星正在移动。

我以为这是一颗流星。阿猫说："那是一个大飞机。"

他大声地重复了一句："那是一个大飞机啊。"然后他突然举起弹弓，疯狂地瞄准飞机全力发射，那些强硬的石子，无功而返地坠落到地上。

想来那应该是特别久远的事情，远得都快变成一种幻觉了。

1997 年，姐姐去北京进修，暑假我去探望她，那是我俩第一次一起离开家。我们租住了一间胡同旁边的路边小屋，没有窗户，有的时候风吹得大一点，房子就能摇晃成虚弱的气球。

有天深夜我们正要睡下，房门被一脚端开，两位警察模样的人说要查暂住证。后来姐姐掏出了学生证才作罢。

那几年，我们对大城市的夜晚太不了解。姐姐被偷过两次，第三次她走在路上，有个男孩过来拽她的背包。她心疼自己兼职打工赚的那点儿学费钱，也拽着不放。那个人一边用手勒住她脖子，一边用手去拽。姐姐不知道哪来的倔劲儿，两个人最后像相扑一样摔到地上，姐姐一直喊救命，最后男孩只好作罢。

后来我也顺理成章去了北京，和姐姐一样，遇到过小偷，我不敢学姐姐理直气壮地吵架，差点把自己忍成内伤，因为我亲眼见过一个男人在超市里把姐姐撂倒，然后夺路而逃。

我当时离开小城已经很多年了，但我觉得自己很难进入那种具有安全感的生活状态。也有那么几个朋友，偶尔约着吃个饭，不痛不痒地聊个几句，但我感到自己思维迟钝、想法混乱，无法完整地表达自己。就像有许多的石子堵在我的喉咙里，使我哽咽或者失语。

相当长的一段时间，我都是在规规矩矩地赚钱、工作，让生活看上去貌似在轨道上，煞有介事。除非你把我的社交恐惧症算上。我觉得自己看起来相当正常。我甚至还跑步、游泳，偶尔破戒喝个小酒。

一天，有个朋友聊到了关于生命、宇宙等终极话题，我稍微多喝了两杯，就拍着桌子说："万物都没有意义，不如醇酒美人速死。"平时和我唇枪舌剑的一群人也许是喝大了，居然连争论的欲望都没有，只是到后来，有个哥们儿阴阳怪气坐在角落里说："装什么孙子啊您都那么正能量了，做个什么事情都活色生香的。"

枯坐了一会儿，那个其实并不怎么魁梧的哥们儿突然聊起了中学时代的一次打架，说是有次不知道怎么惹到了学校的一个体育特长生，那人约他去学校后山，等他赶到的时候，对方站在树的阴影下，冷笑着叉着腰。

人群早就为他们腾出一片恶斗的空地。趁特长生脱外套的时候，他一脚就飞了过去，皮鞋的尖头恶狠狠地踹进对方的裤裆，对方痛得弯下了腰，他又顺势朝着对方的脸部又是一脚……他的两脚，动作快得周围没有一个人看清楚，等他们反应过来的时候，特长生已经满身是血躺在地上，整个山谷都能听见他断断续续的呻吟声。

"那后来呢？"

"后来？学校毕业之后到现在，再也没有动过手了，因为要付出代价，不得不三思。"

于是我也顺理成章讲起小时候经历过的吊诡事件，比如潜入悄无一人的墓地，在月光下看到蹦跶的鸟，还有那百发百中的弹弓。朋友们听了很兴奋，对阿猫特别感兴趣。

"他是不是一直用弹弓保护你呢？"有人插嘴。

回忆起阿猫那小身子骨，我知道自己脸上多半浮现的是嘲讽的笑容，可是我突然回忆起那救命的一托，隔了这么多年才头一次想到，那些年，我确实是班上少有没有被欺负过的女生，就这几秒钟，百转千回，思绪起伏，索性保持沉默，隐约听见还有一个朋友提到王小波的《舅舅情人》，非要说什么"人生极致的惊恐之中生出绿色的爱"。

那天夜里，我们几个沿着长安街步行了一小段，城市已经沉睡，有个朋友突然开始放声歌唱《国际歌》——

起来

饥寒交迫的奴隶

起来

全世界受苦的人

一开始我们有点儿想笑，可是听着听着，不知道为什么居然就一句半句地加入了进去，唱着，高声喊着，放肆地嘶吼着。

带着酒气的歌声砸在昏暗而又坚硬的地面，北京的深夜荒凉，只剩下我们的歌声。

还有几个小时，又是新的一天，一个可以预见的、不会有任何惊喜的一天。我们将很快恢复到正常的生活之中，工作、赚钱、缄默。就在距离那种机械化的秩序还有几个小时的时间里，那样一瞬间，四周的建筑、阴影和人第一次活了过来，有了一种鸟儿在弹离树梢之前的微妙的灵气。

回到家里，我心里有一种说不出的空惘，就像是还没有把胃填实。

我翻箱倒柜摸出一把弹弓，是到北京以后买了做装饰的，早就忘记了如何使用。怔怔地又拿出一瓶酒，远远地看着窗外的黑暗，忽然清晰地看见一颗巨大的闪烁着的星星，或许是大飞机向我游来。它给我带来的惶恐和惊奇，一直延伸到许多年前四川乡下那块死寂的墓地，阿猫卷起呈小麦色的手臂上的衣袖，对准天空猛烈射击。

或许命运就是在那个时候合而为一，发出了默契般的绝响。直到几年以后的老乡聚会，我才知道阿猫离开的消息，大概是抑郁症。他们回忆说，读大学的时候他爱过一个女孩，被拒绝后，许多年都念念不忘。直到那一天，那个女孩要结婚的前一个月，他动完一个外科手术，换好衣服，走到七楼的楼顶，跳了下去。

阿猫就这样离开了，在二十出头的美好年龄。他的死，使我对我们之间的所有细节都刻骨铭心。

　　前不久，一个朋友批评某个自杀的抑郁症患者对父母不负责任。我竟然在留言里和他争辩了很久。

　　此时，在写这些字的时候，我并不敢写出阿猫的真实姓名，个别故事和描述也许是源自于阿狗的。我只是隐隐地感觉，写出来就会是一种冒犯和打扰，他或许就愿意枯坐在十六岁时的那个墓地，四周连微光也没有，天空没有遮蔽，我们离一颗大的流星如此之近。举起弹弓，就不会被生活毁坏。

甘蔗带走了我味蕾中最甜的部分

他穿着一条裤脚开得很大的喇叭裤，深蓝色的高领毛衣，站在爷爷家门口不远的地方向姐姐和我挥手，仿佛要穿越无趣、无聊和忧愁的那片玉米地，即将带领我们去探索遥远的不可知的什么好地方。

那是我唯一叫过"哥"的人。

在四川，有一种植物，以及和这种植物有关的游戏奇迹般地和过年这个词联结在了一起，那就是"划甘蔗"。

划甘蔗的刀一般是向卖甘蔗的农民借的弯刀。两人赌输赢，会选挑一根（或几根、一捆）一人多高的甘蔗，找高处站立，削平甘蔗的头，根在下尖在上，右手执刀，一手将甘蔗轻立于地，当感觉平衡点尽在掌握时，手疾眼快地用弯刀在空中画一个圈，从已经微微倾斜的甘蔗头上气贯长虹地划下去——看上去简单的动作，考的绝对是爆发力、眼力和臂力，唯其如此，才可以将甘蔗一剖到底、一分为二，且左右均衡。大多时候只能削下其中的一部分，甚至只是甘蔗皮。削下来的部分就是你可以选择吃下去的部分，当然，谁削的部分越长谁就会获胜。

姐姐和我是根本不需要做什么啦啦队员的。因为堂哥——爸爸的表兄的孩子，他点住甘蔗头，屏住呼吸，动作敏捷，仿佛手头摸的不是一根甘蔗，而是凉、滑、硬而发颤的一根断魂枪。

堂哥所在的地方，划甘蔗自有秩序。

当那些半大小子呼朋唤友地向堂哥挑战，各种干扰声四起，时而又为难得一见的好刀法鼓掌叫好时，我们从嘴里到心里都充满了甘蔗甜蜜的滋味。那个春节，就像是堂哥的擂台赛，无数英雄闻其名，赶至甘蔗摊。堂哥有时候甚至一言不发，只有乌云压顶，一场风暴正在酝酿。嗖的一下，没人瞧得见弯光的闪烁，甘蔗就被削成两半。姐姐和我都懒得鼓掌，我俩只需要矜持地绕场一周，将地上那被肢解后的甘蔗放进嘴里大快朵颐就好了。

没有两根甘蔗、两种刀法是相同的，也没有两根甘蔗的滋味是完全一样的，此后来到北方我才明白，甘蔗并不是四处可见，并不都是和鞭炮、香肠、腊肉一起被奉为"春节四大护法"，也并不是每个地方都有这种妙趣横生的划甘蔗游戏。

"着！"堂哥往往大喊一声，嗓音洪亮。他气不喘脸不红胸脯也不鼓，他只是将手中的烟头轻轻一弹，他砍、砍、砍。

那一年回去，有的夜晚，农村的生活实在无聊，爸爸最喜欢酒至酣处之时，给我们讲一段《杜心武》的故事，那位自然门的大侠如何除暴安良，如何劫富济贫，如何化险为夷，等等。那个时候，家族所有的孩子，包括堂哥都会搬个木板凳围将过来，眼睛里反射着柴火的光亮。

堂哥也好，我也罢，我们这个家族似乎都有一种热爱武侠小说、向往"江湖"的遗传，比如我们的长辈，和堂哥关系更亲近的我小叔，后来练到腿上能够绑着沙袋跳高——而这些就是为何堂哥划甘蔗的那一幕在我的记忆之中留下的全是小李飞刀动作的缘故吧！

据说，一般拿来比赛的甘蔗有些讲究，是用来熬蔗糖的那种果蔗，皮色青绿，枝节稀疏，糖分充足，甜得封喉，但最突出的特点是比较脆。这种甘蔗非常便宜，冬天时只卖一毛钱一斤，过年的时候，四川人家家户户都会一捆捆地背回家，和鞭炮放在一起，仿佛就是春节的吉祥物一样。

现在想起来，飞在空中的不仅仅是甜蜜蜜的甘蔗，还有那个年代无处安放的荷尔蒙。我还记得堂哥的表情，像是刺完枪，望着天上群星的武林盟主，也像是野店荒岭不世出的高手，心中寂寥、手里空空。

后来爷爷告诉我们，堂哥那个时候已经是当地一帮孩子的头了，他们崇拜他追随他，不仅仅是因为他的身手，还因为他耿直、豪爽、仗义疏财的性格。

我问爸爸，为什么堂哥当年对我们那么好，在那个只去过一次的农村，大水牛，七大姑八大姨，就连家里的小黑狗都保持着一种乡里的冷漠。

爸爸回答说，那是堂哥的家教。从前爸爸只要去他家，无论如何都会被热情款待。这个热情有多重要！饥荒年代的时候，爸爸在县里读中学，难得回一次家里，去一位至亲家吃饭，被各种脸色对待，爸爸一气之下拔腿就回。走了若干公里，至亲追上了爸爸，"还我"，他指指爸爸身上的毛衣——那是他借给爸爸却被遗忘了的。

"那是他家的家教好，"爸爸说，"只是……"

只是，堂哥的爸爸很快就去世了，大概就是在我们去农村的那个时候，然后堂哥的妈妈改嫁，家里再也没有人管他了。

好吧，我很想把后面的故事抹掉，因为它们会真实得灼伤人。我希望记忆里留下的永远都是堂哥威风凛凛的样子。我们回去了半个月，有一个多星期，他每天都不厌其烦地带姐姐和我去划甘蔗，接受那些摊贩的进贡。在餐馆的桌上看我俩吃得像猪一样，他叼着根牙签，笑。

所以可以想象后来我看到《美国往事》《教父》的时候有多激动，如果论耍酷耍帅，多少年前，已经有个人做过了。

我想我一辈子都不会忘记，还不到十六岁的堂哥坐在餐馆的那张桌子前，一个一脸愁容的中年人来到他的面前，不停地哭诉着什么。堂哥听着听着，猛地一拍桌子，"你等着"他说，"我帮你解决"。

解决什么？我不明白，也不需要知道，甘蔗太甜了，吃多了会让嘴角起泡。当那些看上去弱小的人来找到堂哥的时候，我人生当中第一次泛起了一种叫作虚荣心的东西。

然后作别了那个春节，回了家，出门读书、工作。来到北京，发现这里的甘蔗大多是被压榨以后放到杯子里喝的。人们只喝甘蔗汁，省去了啃它的时候容易伤到自己的麻烦。

自然也没有了那种甜到喉咙的味道，也没有了耍帅的小镇青年，斜倚着一捆甘蔗，手起刀落，见汁封喉。

后来的堂哥，从甘蔗地一路杀起，真的成为整个县城的"武林盟主"，直至最后因为拦路抢劫而判刑，应该是遇上了"严打"，至今还没有出来。

听到这个消息的时候，我还刚刚参加工作。我很想冲到法庭，告诉在场的所有人，他是个好人，但是从那冰冷荒凉的甘蔗地开始，这句话就没人搭理。他父亲扔下了他，他母亲也扔下了他，只有那滑、凉、硬得像断魂枪的甘蔗，徒劳无益却又满怀希望的一刀，才能给他的人生带来片刻甜蜜——但纵使如此，那种时刻也如此奢侈，几乎让人无法捕捉。

他离我那么远，他的少年时光离我的童年时光那么远，那片玉米地离我的家也那么远。我一直都觉得他就像《美国往事》中的小孩多米尼克一样，只是滑了一跤而已。但是从听到他进去的消息以后，我味蕾当中最甜的那一部分却好像是被带走了，那以后直到现在，我再也没有吃过甘蔗。

捕捉声音的人

1

我至今都会记得阿里木拿着一根香烟的样子，若不是红红的烟头快烧着了他的手指，他还会一直保持那样的姿势。之所以会对他特别留心，是因为他实在太沉默了。大多数不爱说话的人，大不了就选择用单音字来表达自己的意见，而他索性连这个都省了。后来若干年，他的家庭，他这个名字的由来（他并不是少数民族），他来自何方，全都是一个谜，回想起来只能从他的长相去猜测他与众不同的原因。

他个子不高，身材健美，走路的时候懒洋洋的样子，让人不由自主联想起猫科动物行走时，那强有力的肌肉在皮肤下流动着的感觉。他有一双又大又圆的眼睛，这双眼睛在那张扁平的脸庞上特别显著，但是还比不上耳朵的生动。那一对耳朵，就像是独立活着的一对翅膀，从根部往上逐渐变细，耳尖特别尖，并向上直立，一副随时跃跃欲飞的样子。

算起来，最后一次见到他，应该是二十多年前的事了。

2

那一年转到我们学校的人实在太多了，因此他转学过来的时候，谁都没有留意他。多少次，总有人对他的外貌指指点点、窃窃私语，但是不管任何时候，他都有一种超脱物外的怡然自得。

我们学校是重点学校，各方面的条例条规特别严。在大广播和课堂的各种絮叨之中，我们终于学会对那些操（混）社会的孩子嗤之以鼻。

他们大多数人的首要标志就是抽烟，下课之后鬼祟地躲在教室后面的小山坡，然后带着一身神秘的烟味而回。阿里木显然不是他们当中的一个，他太普通了，普通到连叛逆的资格都不够似的，除了吸烟这个习惯。

我就坐在他的前排，在同学们喧闹的吵嚷中，我们多半就像两尊不合时宜的雕像。显然只有他注意到了。

我们偶尔微笑一下，传递一下作业本和课本。有一天他突兀地写了张纸条问我，你听过蛇走路的声音吗？

我记得自己打了个冷战。这个话题就像是废弃的毛线头，被扔到了一边。

其后我们居然阴差阳错有过无数次长聊，在那些课间操的时候，放学写黑板报之前，还有那些晚自习的无聊时光，他的声音在纸条上兀自响起，偶尔教室空无一人的时候我们也交谈。他不擅长表达，说话的时候断断续续地寻找合适的词语，还有的时候，我需要耐心地等他在那里上好发条，然后才重新启动。

直到三岁的时候，他都不会讲话，父母亲绝望地认为他是天生的哑巴，直到后来去医院检查，医生说他的上颚部分倒是和别人长得不一样，但这并不是他哑口不语的原因。

他记得是一个冬天的下午，父母亲锁上门上班去了，他独自一人坐在屋子里。他听见墙上的钟在嘀嘀嗒嗒走动，那个声音空灵而神秘，这个时候，他小声地说出"嘀嘀"两个字。

或许钟的声音是一道闪电，将他寄放在俗世的躯体劈醒。"嘀嘀"这两个字此后便像个启示录，他开始一连串一连串地说话，"嘀嘀""嗒嗒""叭叭""咚咚"——父母亲高兴得完全没有意识到这些词语全是从各种声音转化而来的象声词。

此后他经常独自一人在家，空荡荡的房间，便是他童年的全部世界。于是他创造了倾听各种各样声音的游戏：父母亲离开时大门的"嘭嘭"声，自来水龙头"嗒嗒"的滴水声，隔壁小狗起身抖毛时的"簌簌"声，院子里自行车轮胎经过时的"嚓嚓"声……那是一种新鲜神秘的体验，开启了他对这个世界的探索。

他是如此着迷于这一切，那些来自周遭世界的一切声音，成为他认识这个世界的启蒙。

后来的一天，早上匆忙上班的父亲忘记关掉收音机，回家的时候，他和妻子惊讶地发现儿子在跟着里面的音乐旋律哼唱——几乎所有的、各种各样的流行歌曲，他全都能够跟着和唱，一丝不差。

他们又欣喜了起来，次日就借了几样乐器摆在家里，甚至打算凑钱给他买架钢琴，以为有一天他可以朝着传说中的神童的方向而去——就是那种从旋律与和声中听到一个音后，就自己谱写了全新的旋律与和音的神童。后来把他送到少年宫的音乐班，那位音乐老师偏巧是个摇滚乐迷，便开始细心地指导他学习吉他的基本指法，推荐给他听 Jimi Hendrix 的唱片，告诉他摇滚乐和爵士乐的区别。

他进步很快，一年之后就能够把唱片上的音乐弹得惟妙惟肖。但也正是在这个时候，欣喜若狂的老师发现，小男孩总是在学吉他的时候停下来聆听蝉叫，或是在上课的时候手指打起节奏来——那是和老师教的完全不同的节奏。他是一台复印机，可以交还大自然施加于他身上的一切东西。这时候老师才明白，他的才华是基于声音的本身，而不仅仅限于音乐这座殿堂。

就在那一年夏天，小学老师布置了一篇作文《我的理想》。那些未来的科学家、工程师、大明星的演讲完毕，他在鸦雀无声的教室里说，他说，我长大了要做一个捕捉声音的人。

七岁的时候，他已经学会了单靠声音辨别这个世界。他对这个世界的声音没有任何偏好，无论是铿锵有力的、激昂的、抑扬顿挫的、柔和的、沙哑的、无力的，在他面前通通一视同仁。他在现实世界之中学到的乐理，全都用到了这个广阔的声音世界之中。他是这个舞台的调音师，能够通过自己的想象调配，把不同的声音按照需求调高调低，调强调弱。他安静地坐在那里，内心里的音乐创作绵延不绝、惊涛骇浪。

3

说起来我还阴差阳错地去过一次他家。那是一栋老式的楼，暗红色的砖墙，上世纪 80 年代苏联专家援中的产物。

他家的窗帘又厚又重，挡住了刺眼的光线，却完全阻隔不了滚滚而来的噪音。"菜市场。"他笑了笑，指指楼下。我极为不解，他却笑嘻嘻的。

"多么美好的人间喜剧。"他说。

看上去，他家地方不大，家具极少，就是那种普通双职工的房子。家具的样式简单，摆设也很少，客厅里、卧室里的物品都呈现出一种时刻会被打包带走的状态。让人印象深刻的是他有一个一人高的大旅行箱，敞开怀抱靠在墙上，里面放置着几样怪怪的仪器，例如像捕捉蝴蝶的网兜那样的东西，还有像功放一样的小电器。

环绕着房间的墙壁，四处都摆放着书架，但是里面放的都不是书，密密麻麻摆的全是磁带，各种各样应有尽有。它们码得整整齐齐，地板上还胡乱地散放着许多小盘的磁带。门前的路边大概是有电车经过，那些书架里的磁带就跟着震动一下。

靠在沙发上聊了一会儿，很随意地闲谈。有那么一两个瞬间，话题与话题的间歇，我察觉到他的目光寂静而温暖，就好像多少次言语的大军排队在喉咙那里，最后却变成了无数次的低头。他脑袋两端的那对耳朵，倒像是破壳之前的蚕蛹，有着明显的微微颤动。

他屡次用手指拨弄着手上的几盘磁带。

我看到上面写着：布谷鸟、云雀、海浪、雨滴、收割机、汽车、口哨……

4

我们普通人如果听力正常的话，可以听到嘈杂的市井声。他的耳朵却能把它们自动分解成若干个层次，仿佛是这座城市的声音过滤器。

海滨城市最远处的海浪拍打声，暴雨将至气压的低啸声，公共汽车和小汽车不同的喇叭声，菜场小贩的吆喝声，一滴水穿过树叶的沙沙声，隔壁小狗舔水时的咕嘟声，坐在对面的人肠胃的蠕动声……每一个声音都不会独立存在，它们重重叠叠却又层次分明，就像是树桩上面明显的年轮，或者精装书脊的条纹肌理。

每一种声音、声音和声音之间，都有着极其不同的差异。而光是把同一种看上去相同的声音分类，就需要至少一天的时间。

他说自己在一年前的某一天，无师自通地学会了一种独特的声音归类法，那是一种类似数学公式的东西，世间万物无奇不有，那么浩瀚却又万宗归一，那些被人类忽略但其实是无能为力的声音分类在他脑海里逐渐清晰，像在一片荒芜的空地，一砖一瓦，一梁一柱，三维立体般地竖立起来，直到形成一个硕大的声音图书馆。

他对我讲了这些事情，或许都是独一无二的。我记得当时自己全都深信不疑，或许是因为他声音当中的坚定。他说过，谁都不敢告诉，爸爸妈妈说过，会被当作怪物送去实验室。

我试过听一首他在听的新歌，有一两次我出于好奇试着去搜索了一下那些歌名，不是搜索不到，就是怪得出奇——没有歌词，很平静，像河流一样没头没尾的歌。

为了打发时间，我在论坛里参加了一个叫作"悲惨新闻搜集小组"，却常常被里面的一些新闻逗得哈哈大笑，第二天我顺手抄在纸上发了给他。

我还记得是关于一个聋子被雷劈到以后，突然又能听到声音的新闻，讲聋子能听到声音之后却痛苦不堪，因为他觉得这个世界太吵了，周围一点点的声音，哪怕是风摇动窗户的声音都会让他整晚失眠，健康的他反而成了极不快乐的人。

他一定是在那边哈哈大笑起来，极其迅速地扔回给我一个咧嘴的图案，我便又给他抄了条科学家的解释，说实际上蛇类可能不是敏锐的聆听者，但它们也并非我们一贯认为的聋子。

"事实上，蛇类有两套相互独立的系统来接受经由空气震动传播和地面震动传播的声音频率。一套系统是它们的身体，另外一套系统是他们的耳。通过这两套系统，绝大部分的蛇都可以在三米左右的距离外听到一个人在安静的房间中说话的声音。

"！"他显然很快领悟到我对他属相的揶揄，并且以这个符号表达了他所有的情绪。

5

1986年那一年，全国突然兴起了一股子"耳朵识字"的热潮，四处张扬着他们的传说，他们被誉为超人神人，他就是在这个时候被无意中发现的。

那个时候班上的各种流言已经沸沸扬扬了。关于我和他，只要我们有难得的对话，全班的空气就会不怀好意地寂静下来。

有一天我被一个骑单车的男孩堵在校门口，那也是一个操社会的流氓。我压根没想理他，扭头便走，他气急败坏地扔下烟头。

"你他妈的不就是喜欢你班那个猪耳呆子吗！"

我在人群里的沉默更甚了。这次到了他递过来的纸条都不再打开的地步。我不再看他，不和他交谈，也不想知道他的反应。

于是，在我们破天荒地沉默了一个月后，有天下午去上学，突然就听到教室里各种喧嚣，好多男生女生包围着他，用神奇而崇拜的眼神看着他。

见我走进教室，他的眼神有一瞬间的混乱，然后便迅速转向别处。在那么多的吵嚷声中，我勉强听出来，他们在做各种测试，写下无数的字，让他用耳朵一个个听出来。

他们大概不知道这对他来说是小菜一碟。他靠的是倾听那些钢笔划过纸张的声音，他说过那是一种尖锐刺耳的声音，听起来就像是空气从一个瓶口上方吹过。

而我，压根就没有抬起头来再看他一眼。

有个晚上，莫名其妙的，我夜半醒过来，觉得自己好像听到了一个尖厉的声音，那种他描述过的空气吹过瓶口的声音，于是便坐了起来，房间里面漆黑一片。那天晚上连月亮都没有，四周也仿佛随着色彩的湮没而万籁俱寂。回忆起他那种惊人的听觉，我也不知道自己为什么会下意识地做了个动作，我非常轻地，用几无可闻的声音在黑夜里呼唤着他的名字。

阿——里——木，阿——里——木，我一遍遍地喊着，就好像这个轻微的声音能够穿透地球，传达到任何一处他所在的地方。

什么都没有，夜还是那么黑，四周还是那么鸦雀无声，就连闹钟都停摆了似的，我都不由得对自己的神经过敏而轻笑起来，打算接着再睡。迷迷糊糊的不知道过了多久，恍惚之中，我听到有个非常微弱的轻哼声。

许多分钟过去了，又是一片黑暗和虚无，虚无到好像我的肉身都不存在了。不知道为什么，我突然看见自己飘了起来，而自己的身体分明还在下方，还在那里熟睡。没有人能看得见、感知我的存在，我于是飘啊飘，飘出窗口，沿着城市的上空，漫无目的。紧接着我非常清晰地看见，有一个人，像一只大鸟一样地也飘在这座城市的上空，他穿着一套黑色的运动服，勾勒出他健美的身材曲线，而他的一只手牢牢地抓住一个蝴蝶网兜，只那样用力一挥，就有像蝙蝠一样奇怪的生物被兜了进去。我好奇地凑过去看，才发现，整座城市四处都漫着电波一样的东西，只不过它们是有形的。当它们汇聚到一栋建筑那里，就变成一只老鼠状的生物；汇聚到公园上方，就变成一只老鹰般的生物……他只要挥兜子下去，那个地方就会呈现一片死寂——就好像声音这种活体全都被他一网打尽似的。

醒过来的时候，我才发现临睡前忘记关窗户，这个世界的声音正迟缓地随着光线慢慢滑到我的面前。

6

周末，我无聊地走向公园，一只云雀唰的一下从我面前飞过去，停在离我不算远的一根枝头上，发出一长串的带着颤音的鸣叫，那个声音太奇怪了，有高有低，有长有缓，就像是要对我讲个什么样的经历似的。我头一次为自己不能和这只着急的鸟沟通而遗憾，于是我停了下来，蹲在草丛里，敛声屏气，闭上了眼睛。

此后我经常走到这个公园，学习倾听一些声音，我把自己当作一个失明的人，一而再地闭上眼睛，却意外地发现自己的听力变得越来越强，一开始只能听得见风穿过树林唰唰的声音，慢慢地我的耳朵就像一把被打开的锁，我开始听到松鼠吃东西和互相追逐玩耍的声音，鸟儿振翅高飞的声音……

那之后的很长一段时间里，我常常都会想起他说的口哨声，那个经常在夜里困扰他的声音……但是我的睡眠太好，往往还没来得及静下心来就沉沉睡去，而且再也没有做到过那个关于网兜的梦。

7

他成了同学眼中的英雄，女同学也突然发现他那么地与众不同。一待下课他们就火速地围着他，写上各种各样的字让他听出来，然后再发出欢欣雀跃的声音。

一开始是我们班，然后是隔壁班，之后整个学校都轰动了。直到班主任"坐山雕"把他揪去办公室。

好事的同学跟了过去，回来汇报说眼睁睁看着坐山雕的表情由鄙夷到震惊，后来整个办公室的老师都围了过来。他们讲述的时候，我后排的学习委员摇着头"方脑壳啊他，太不了解坐山雕了，这样扛下去只有被开除咯"。身为坐山雕的亲侄子，没有人比他更了解他那位阿姨。

折腾了大半天，他终于回到座位，表情却是怔怔的，漠视着所有和他打招呼的人。

这一次同学们没有再围着他，而我终于鼓起勇气乘人不备写给他：不要再听了。

我记得他回给我的那张纸条。

他说：你终于愿意理我了？

8

我总是梦见这个城市无边无际的黑暗，梦见在某个无人到达、无人知晓的不毛之地，某个荒芜的山谷里，一个拿着网兜不停前行的身影。有的时候我确信，那不是一个梦。

慢慢地，我也养成了习惯，经常去一个离他家很近的咖啡馆坐着，看人来人往的十字街头，观察人群的表情，猜测他们的职业和背后的故事，一坐就是一天。

有一天我照常把头靠在窗玻璃上面，细看着街上的行人，突然，一个身影闪进我的视线，如果不是因为帽子兜住了头，我第一时间就能辨认出他来了，他走路的姿势，那种独有的沉稳节奏，那就是阿里木。

我急忙拿起包，一头冲进大街，朝着他刚才消失的方向跑过去。他个头太高了，才走了两个街口就轻易地把他从人群里面拣了出来。不知道为什么，我居然忍住了第一时间去拍他肩膀的冲动，而是小心翼翼地向他靠拢，亦步亦趋地尾随着他。

街头的人那么多，恰逢下班和放学的高峰时间，各种晃动、嘈杂、推挤，可是无论周围的人怎么推搡到他，他依然保持稳定的步伐，没有任何停顿的意思，脸上也没有任何的表情。有一阵了乌云压顶，一阵狂风袭来，把他的帽衫刮到肩膀上紧紧贴住，他索性顶着风前行，露出来的两只耳朵却保持着那种惯有的样子，略带警惕地前后颤动。

他完全没有拐弯，只是沿着大马路猛地扎了下去，直到大马路在一个三岔路口终结，他才随之右拐。这条小马路很狭窄，不时传来自行车和行人摩擦的咒骂声，可是他仍然毫无所闻似的向前行。我毕竟没有什么跟踪的经验，有的时候已经近到心惊肉跳的地步，可是他一次也没有转过身来发现我。

就在这个时候我才猛然醒悟，为什么自己没有去跟他打招呼——那是因为他的表情，那种泰山崩于前而面不改色的平淡再也没有了，而另外一种模模糊糊的掺杂着喜悦、绝望、冷淡、怨恨、紧张的奇怪而矛盾的表情，不时地闪过他的脸，简直像个人体红绿灯一样地变幻着。他似乎若有所思，但是根据我的判断，无论是他怔怔的脚步，还是僵硬移动的躯体，说他是在梦游还更有可能。

就这样，他毫无目的却又执着地在街上走了一个多小时了。他的步伐始终如一，不快也不慢，就好像这是一场事先安排好的旅程，一场计划好的没有目的和终点的旅程。

走得久了，我已经恍惚起来。这个时候他突然加快脚步，从悠然自得变成大步流星，就好像发现了什么目标似的。两个拐弯之后，人就消失在了一条横街。

我气喘吁吁，寻寻觅觅，走到自己都迷路了，不知不觉好像误入了一个特别僻静的街区。说僻静是有点奇怪，因为那个地方是这座城市有名的城中村，又脏又乱，从早到晚都充斥着各种卖货物的摊位，各种大喇叭日夜不休地叫唤着大减价。

可是，几乎一迈进这个街区，就像是电影定格，或者有人拿着遥控器进行了消声一样，所有曾经刺耳的喧嚣都被稀释了，我看见街上人来人往，无数的嘴在动，无数的大喇叭敞开着肚子，却听不见一点一滴的声音。

我的表情一定是惊讶无比，可偏偏街上的人照常说着笑着，在无声的世界中推搡和拥抱……我终于又找到了他的身影，他居然朝我迎面走来，我无法判断他看到了我没有，我的心脏像只怪兽在胸腔里一阵狂跳，我慌不择路地转过身去假装对着一个卖袜子的小货摊，他却压根就没有看到我，眼神继续游离在远方，又大踏步地原路返回。

就在他跟我几乎擦肩而过的时候，我正打算要逮住他问个明白，他侧身之间已经飘到了街口，我恍惚地看到他脸上闪过一丝诡异的微笑，就像取消了静音，街上那种熟悉的喧嚣声又一下子回到了耳边。

9

他当着全校作检查的时候我恰好生病了，后来听同学们描述说居然没有一个人发笑，人群中甚至还传来了女同学的啜泣之声。那是几个低年级视他为榜样的孩子。

他们转述给我，大意是说他是个骗子，每次听字都是事先以魔术手段偷看了纸条。"坐山雕"就站在旁边，带头为他的忏悔鼓了掌。

我得的是腮腺炎，会传染人，休养了半个学期才回到学校，回去的时候他的座位已经空了，他的父母是地质工作者，这种频繁的调动很正常。

我住在医院的时候百无聊赖，有一次爸爸说有同学来看望我，等了半天，始终没有人上楼。爸爸描述说那个同学长着一对翅膀一样的耳朵。

10

二十年后，有一次我翻到《南方周末》的一个报道：有一群人，喜欢特别的声音。这些人当中的四个，来到了北京，他们要捕捉"最能代表北京的声音"。他们录下了鸽哨、虫鸣鸟叫、钟声、街头艺人的弹唱、扩音器里的降价信息和流行歌曲，自行车铃铛的脆响，车轱辘碾碾过地面……

他们还组织了"我最喜爱的北京的声音"征集活动。有人喜欢公车售票员报站的声音，因为它结合了胡同名，还含着当时这个人的喜怒哀乐，让人想起老北京的温暖；有人喜欢晨练老人所发出的"磨剪子嘞，抢菜刀"的声音；还有人喜欢北京的风声；大枣落在地上的声音；"吃了吗？"的问候……

我突然想起了他，赶紧打了个电话去报社，想要询问记者有关这群人的具体情况。电话接通的一刹那，随着对方"喂"的一声，我却又迟疑地挂断了电话。

我也尝试过联系唯一一个知道他电话号码的同学，通过那个号码寻找他的声音，里面通常都是他录下的留言，声音里充满了疲惫。一遍又一遍，听上去他长大了，声音陌生得让人难以相认。还有一次，过年的时候特意绕到当年他住的那里，从下面看上去，阳台上晾晒着一床白色的绣花双人被单，昭示着新生活的开始。我索然无味地看了一会儿，才觉得自己无聊透顶。

年前的时候，替公司装修会议室，那个工程师告诉我，做他们这一行的人一般都擅长捕捉高频，但是因为听觉的范围不同，有的动物能听到很高频率的声音，却听不到低频率的声音；而有的动物可以听到很低频率的声音，高一点儿频率的声音却无法听到。

大概难得有人向他请教这样的问题，工程师滔滔不绝，聊到最后又举例说，听力好的动物像猫咪，能更清楚地听到声音的各项细节，就连老鼠在地板下走路的声响，猫也能听得一清二楚。它们对高音、高频率的声音特别敏感，因此可以听到很多其他动物听不到的声音，甚至可以察觉到电器启动前的微弱电流。

那么人呢？有可能听到这些声音吗？我试着问工程师。

"我活了四十多岁,反正还没有听说……"他哈哈大笑起来。

当然，我没有提起那个在夜里竖起耳朵、整夜不眠的人。

那天晚上我做了个梦，阳光照射着一片宽广的雪地，有一只大鸟踏在低矮的枝头上面，提着沉重的躯壳，小心翼翼地在细碎贞静的雪上踏步。有时它举喙不前；有时猫在原地，停顿一秒腾空而起。它威严的羽翼在阳光里闪烁着光芒的样子，就像是在侧耳倾听啊。

少女红豆

我永远都忘不了这样的场景：动荡又喧嚣的夜晚，小城的光线渐渐转暗，天空呈现出一种神秘的深紫色，公园旋转木马的轮子发出咔嗒咔嗒的声音。随着小贩的手推车从旁边经过，飘来薄荷糖的香气。她蹲在那里，笑得上气不接下气，笑声惊动了整个游乐场，人们都停下来，看着她。

红豆那一年十八岁，身材纤细，皮肤白皙，蓝色的毛细血管在皮肤下面微微颤动。她不算美，但是有一口小城人民很少见的白牙，笑起来的时候让人印象深刻。

2

红豆进入大学的那一年，同学们在背地里形容她是个"麻烦"的人。

红豆用了很长时间去弄懂这个词语。她既不像有些人那样整天在宿舍吸烟，把蚊帐熏成黄黑色，也不挑灯夜读吵醒下铺。她没有任何不良嗜好，对于同宿舍的人经常误用她牙膏的事情完全保持缄默。曾经也有个别老师对红豆有过不错的评价——至少红豆的不言不语要好过那些呼噜声过大的同学。

红豆也从来都没有一到月底就四处赊账借饭票的习惯。她每天都按时出现在课堂，是那种遵循大多数校规的人。红豆甚至不留长头发，没有在一群女孩当中引人注目的特质。

直到很后来，红豆才渐渐地明白，同学们是觉得她"没有性别特征"。作为少女的红豆拥有发育还算健全的胸部，但她只有一个皱巴巴没有任何厚垫的胸罩，睡觉用的睡衣上面印着Hello Kitty。她分不清 Chanel 和 Gucci 的区别——但或许这些都不是重点，关键在于她从未主动谈起过任何一个异性，更别说和他们有任何接触。

她们常常聚在一起，神神秘秘地窃窃私语，讲的都是些让她颇有些云里雾里的语言，和这个那个男朋友的遭遇和经历，无非就是些什么摸呀亲呀，舒不舒服……在那些既陌生又使人捉摸不定的词语当中，她们两颊微红，眼睛里汪出激动的液体。

那是学习独立的第一年，对于一个只想搞明白怎样才能不让洗干净的衣服一直淌水的人来说，那些话题未免太过遥远。后来红豆想，她们或许觉得，在进行一项公共话题的时候，红豆就像个莫名其妙闯进这世界的陌生人，红豆的缄默不语简直就可以解释成是一种局外人般的审视。

但那种隔膜显然又不是由于学习造成的。

红豆只去过一次图书馆，那一次她一进去就和那个高年级女生在厕所门口迎面撞上，等红豆走进空荡荡的厕所时，发现一张婴儿的脸就溺在便池里，一动不动地瞪着这个奇怪的世界。

隔了两个月，有天红豆走进宿舍的时候，已经准备熄灯了。睡在红豆下铺的同学用诧异的眼光看着她，那女孩和隔壁铺位的同学看样子正打算躲在宿舍开始某种秘密的会谈——实际上这种仪式从开学的第一天就已经开始，无非就是讲着关于男人的老一套。她们自己倒颇看重这个仪式，过一段时间就会有人提供一些可笑的图解，还有人拿来奇怪的DVD，大家肃然起敬地围在电脑旁研究那些哼哼唧唧的分镜头。红豆很快收拾好书包打算转身就走。

这个时候红豆听到身后有那种压抑的嘁嘁的笑声，就像是一件奇怪的物体直接拍在了她的后背。

"喂，我说小屁孩，能问你个问题吗？"一个女生问红豆说，"你知道什么是 tongue to tongue 吗？"

"当然知道！"红豆不想显得无知而被排斥在这一集体活动之外，于是不假思索地回答，因为语速太快的缘故，生硬得就像是在赌气。

宿舍楼的电闸恰巧在这个时候拉下，黑暗中的沉默瞬间膨胀开来——仿佛那个答案引起了女生宿舍的停电似的。红豆心里甚至有些惴惴不安。

红豆那个时候十六岁了，比大多数的同级生都要小两岁。尽管红豆认为自己的智商还算不错，但是在大学的这一年快要结束的时候，红豆最终准备承认她的确有太多不明白的事情。

红豆的那些聪明过人的同学，在刚刚开学还不到一个月，就已经精确地统计出各个班级女生的名字，哪些是曾经有过男朋友的，哪些是现在有男朋友的，哪些是同时有几个男朋友的，哪些是和外校男生勾搭不清的，哪些是完全没有被开垦过的——那是一门神秘的科学，她们却无所不知，一切尽在掌握。

红豆实在好奇她们的这些数字从何而来，只是红豆甚至没有发问的权利，因为关于最后一项，据她们说，全年级也只剩下三个人，而糟糕的是红豆就位列其中。而且她们特地好心地告诉红豆，那两个已经有了男朋友，估计离摆脱这个数据为期不远。

一开始这种统计纯属新生的无聊游戏，到后来大家竟然认真了起来，于是所有玩笑似的口吻渐渐变得恶意起来。

当轻微的火柴头摩擦的味道传入红豆的鼻子时，烛光下的两个人表情也开始飘浮不定。她们相互看了对方一眼，十秒钟的黑暗让她们有了足够的默契。

"那你跟我们展示一下——"

红豆的口腔干燥无比，心脏在突突地撞击着胸腔，红豆努力地回想着所有看过的爱情电影当中的动作，时间太长了……另一个红豆慢慢地脱离了红豆的躯壳，飘浮在空中从一个奇怪的角度取笑似的看着她僵硬的表情。

"这个都不算什么，真正要那样才有意思呢。"红豆把拇指和食指并在一起，像是小时候看到过别的小男孩做过的姿势，将另一只手的中指从那个圈里穿出。

红豆淡定地看着她俩瞪大的眼睛，一转身将她们甩在了身后。

3

红豆来学校报到的第一天，推开女生宿舍的大铁门直上到四楼，从一扇半开的宿舍门外，红豆第一眼看到的镜头就是一个女生躲在床上吸烟，她两只腿惬意地叉开，烟雾缭绕之中，那张漂亮的脸抬起来看看门外，含含糊糊地对下铺的人说："哦，freshman——"便又若无其事地重新躺回到那团浓雾之中。

此后每次见她，身边都是长相不一样的外校男生，个别的时候也有校内的男生，校篮球队那种。

新生时期的第一个周末，学校的天空有着格外不一般的气氛，林荫小道上似乎处处都有人影在来回晃动。

后来只有通过少有的几个知情者的描述，才知道当时打架的场面有多激烈。晚自习回来的学生们，只来得及看到南楼下的一大摊血，清冽的月光，像一层水银铺在猩红的血上面，看上去有种难以言表的诡异。其后好几天竟然都没人来收拾，一开始还有苍蝇闻讯而来。后来经过日光的暴晒，颜色越变越深，像是一层不小心洒掉的陈年油漆，到最后大家都默认了它的存在，以至于都忘记了那里的痕迹是由于一场雨还是什么才最终褪去的。

那一年几个大学联合起来处分了一批学生，许久之后红豆都能回忆起那种人头攒动的场面。学校的公章不偏不倚地盖在那个高年级女生脸颊的右边，那张脸顿时变得像菜市场检疫过的猪肉一般古怪。

之后许久，学校里面像谈论传奇一般说着那个女生的名字。

等红豆从厕所出来的时候，她假装自己已经忘记了那张黄不拉叽的脸，和那个泡得发白的婴儿脸，格外镇静地打电话，守在走廊。直到警察到来，她依旧口齿清晰，逻辑分明。

不，她不知道是谁，什么都没有看到。

没有人知道这是红豆生平第一次看见尸体，即使 Ta 或许从未活过。

红豆其实对死亡没有什么特别的想法。她出生以来唯一养过的猫，被一辆不知道什么车辗过，红豆还记得摸它皮毛时所带来的柔软手感，那个时候红豆还不到六岁，后来当邻居来通知死亡消息的时候，它的尸体早已不知被扔在了什么地方。

录证词花去了足足半小时，图书馆早已是一片喧嚣，飞短流长，口沫横飞，不知道为什么，人群之中，红豆清晰地听到有人说，会不会就是她的啊？

当然不会！另一个声音说道，她可是她们年级仅存的宝贝——

那种唑唑的像蛇一样的笑声又贴了上来，像块在冰箱里放久了的胶布，又冰又黏，随后在开阔的图书馆空间里就像回音一样，一层又一层扩散开去。

4

我曾经见过红豆书包里的一张新生照,边都卷起来了,像是很多年前残留下来的那种胶卷照片。女孩们都有着一样浓密的黑发和露出牙齿的笑容,那个时候红豆和所有其他女生并没有什么不同。

一开始,红豆只是发现自己的牙膏用得特别快,每周都得换新的,直到有天撞见她们中的一个女生若无其事地拿起红豆的牙膏挤在她的球鞋上面——就在之前的一个周五,红豆在体育课上摔了跤,还好没造成骨折。

然后是墙上的招贴画,一张不具有任何意义的风景画被换成一个裸着上身的肌肉男,自然没有人对这一切有任何的解释。就在一周前,当红豆踏入宿舍的时候,她看见所有人都在张嘴讲话,耳朵却像突然失聪了一样,没有音乐声,没有讲话的声音,什么都没有。红豆和每个人交谈,每个人回复她,只是没有声音,直到红豆跌跌撞撞地冲出宿舍,世界的声音才再次袭来,而当她再走回宿舍,世界又恢复哑然——反复几次,红豆好像才明白,游戏规则又改变了。

所以那天晚上在操场,事情发生得非常快,当红豆缓慢地躺了下去,黑暗像潮水一样漫过了她的身体……

红豆觉得那一刻她甚至能听见自己的声音从身体里面传出来。

——没什么大不了的。

她想象自己即将在她们面前说这话时的不以为然，想象自己的十六岁终于在平安无事之中度过，想象自己会被她们接纳，成为她们当中稀松平常的一个，想象自己和她们一起吸烟，若无其事地躺在一个又一个男生的下面，进行男女之间神秘的仪式，想象也有男生开始为她打架斗殴，想象自己在无数的夜晚终于不再独自一人，直至在庸俗的人群当中灰飞烟灭。

5

半年之后，学校联防队的电筒照射过来，红豆没有一丝慌乱，如同学校保卫处科长后来板着脸说的，她已经是"惯犯"了。当她和那个篮球队的男生被带到办公室的时候，她没有任何辩驳，甚至连一丝抗拒都没有，就开始了所有的交代，那些男生，体位和姿势，去过的招待所、后山火车铁轨、宿舍……她本来无须讲述这么多的。

红豆被学校开除的那天晚上，我从很远的地方赶过去看她，她的行李都已经打包好，同宿舍的同学上晚自习去了，她的铺位收拾得干干净净。我是在学校的操场边上找到她的。

我不知道应该为她做些什么，那天晚上她从头到尾给我讲了所有的事情，所有的细节，没有什么可以后悔的，实际上她连一丝表情都没有，就好像在讲述一个不相干的女孩的故事。

讲完之后很久，我们都坐在那里一言不发，她抽着烟，烟头在黑暗中明灭。

那个夜晚一下子就滑了过去，就像我们的少女时代，我几乎能够感觉到它迅猛地、诡异地，以我们察觉不到的速度，一路坠落。

很多年以后的一个春节，我见到了她，她已经结婚生子，成了南国小城一个普通的妇人，生活不好也不坏。我其实很不想承认，和这次平凡的相遇作比，我更怀念风流云散时代的她。红豆这个名字是因为她喜欢吃红豆的东西，尤其是冰淇淋。那天我在朋友圈发了一张图，忍不住写着"每一支冰淇淋都一厢情愿地以为自己是世界上唯一'心都化了'的那支，忍受皮屑、肢体的层层剥落，紧紧守住那一丝甜蜜，和命运顽抗到底"。

北方味饭店

去年，我租了辆车经过家乡，老城中心一所房子使我感到惊诧。我停好车想去看清楚，那是一所很普通的房子，被火烧过，修砌过，墙皮崩裂，屋舍倾斜，与四周繁华的商铺相比，它显得冷清而又凋零，门上贴着一张通告，大意是北方味饭店要装修或是整改。

当年，即使是提起"北方味"这个名字也令人耳目一新。这家饭店主营饺子，鲜肉大葱馅、韭黄馅的饺子对于南方人来说是稀罕物。不过在之后的几十年里，饭店的名字在不知不觉中变成了非常平庸的字眼。

老人们常说老宅子是有魂灵的，北方味饭店应该是个过时的干巴小老头儿，披着件粗麻布长衫，脚上踩着双蓝黑布鞋，两颗眼球子深得像口井，肩上还扛着清末民初留下的小辫儿，胳膊腿儿都不好使了，但是精气神儿还在。

像每一个已到暮年的老人一样，他应该能够磕打着旱烟锅，唠上许多的故事。那天他讲起了当年的场景：用一个俯拍的全景镜头来看，许多的食客正在排队，窗户是全透明的落地大玻璃，白炽灯明亮地照着店内，白天黑夜都不能缺少它的光芒，它漂白性的光亮，不仅让仿古色的八仙桌反射出油漆的透明，折射到白色盘子上更像是流动着一种温润而细腻的光亮，就连客人举筷塞进嘴里的饺子，也如同人参果一般灿烂耀眼。

有时候食物的蒸汽和人吐纳的气息覆盖在玻璃上面，从外面能够模糊地捕捉到服务员的身影在几张圆木桌子之间穿梭往来，那是小城唯一一家服务员会穿制服的饭店。去那里消费的大都是一家老小，他们在温暖的夜幕里进进出出，享受着热火朝天的气息，四处传来喊叫声，就像走进了某处电影场景。

当我为了写上两笔去咨询那些和我一样远离家乡的同学时，阿梅，那个父亲刚刚离世的姑娘说，她不敢敞开对那个饭店的回忆，因为那里承载着她所有童年的幸福回忆。

北方味应该承载了这座小城许多幕这样的幸福回忆。多年以后我发现把这样的饭店放在北京叫作"老莫餐厅"，放在上海叫作"锦江饭店"，它们是一种集体符号，代表的不仅仅是一家饭店，也是邂逅、聊天、哭泣、沉默、无聊、相逢、归来、拥抱、聚会、结婚、生日、再见、永别。

北方味是这条大街上唯一一家饭店。在那个饭票要定量，清汤寡水的年代，只要提起"北方味"这三个字，已经足以使人咕咚地吞下口水了。它最有名的菜是蒸饺，很多年以后才知道秘诀是用七成熟的半生面，这样的做法让食客们流连忘返。

小的时候第一次走进来，是和Z叔叔，他离了婚，成为小城人唾弃的对象。他垂头丧气，走在哪里，都有闲言碎语的重量加重对他头颅的地心引力。

那段时间，他和其他许多的单身汉混在一起，经常到我家来玩。他其实是个性格乐观豪爽的人，但是离婚一夜之间把他压垮了。

这个城市好像永远都没有晴天，印象里没见过几次太阳。人们总是闲散在屋外、大街上、北方味的门口，以阴暗的表情四处传播些流言蜚语。上世纪80年代的小城自有它的价值观，离婚两个字会在人们的交头接耳中被演绎成毒蛇、性无能、死变态。

那一次我紧紧地抓住Z叔叔的手，我的眼睛死死地盯在服务员一盘盘端着的饺子上面。那些白白胖胖的饺子安睡在松针之上，向我发出了无声的邀约，我的眼睛就像被那层冒出来的蒸汽感染到一样，不由自主湿润了。

不要嘲笑一个因为食物而情感丰富的孩子，要知道那可是北方味啊——与其说他们卖的是饺子，还不如说卖的是梦想。

那天 Z 叔叔喝醉了，他把那些饺子一个一个地吐出来，就像他在饭店门前对着老爸一个字一个字地吐露心声：

我想我是真的像书里人物那样犯傻，假如我真就一辈子单身呢？或者就在这个小城的站台随便搭上一列能开到更远地方的火车，永远离开我生活的范围，看看远处到底是什么模样，就这么永远走了，再也不回来了。

真要这样的话，有些人可能会很高兴，比如那些背后嚼舌根的孬种；当然也有人会悲伤，比如说我妈，如果再领养个小孩也嫌太晚了。

还有我的那条狗，也许是世界上除了我妈最爱我的那个，它会不会悲伤？从今以后就再也没人用口哨和骨头来使唤它了。

记不清爸爸究竟是如何回答他的。他们曾经无数个夜晚在一起高谈阔论，争论是白居易的"枫叶荻花秋瑟瑟"更有意境，还是李商隐的"锦瑟无端五十弦"更伤感。他们是这座小城的异数。大多数人只有两种状态：一是忙着打麻将，二是忙着生儿育女。而他们，竟然在理想中扑腾着。

小城也还是有几本诗歌杂志的。我时常从深夜中醒来，都能看到爸爸奋笔疾书的背影。单位有人曾经以"不务正业"四个字点名批评过他，即使是妈妈也将忧愁的目光投向他：你为什么不能像其他男人一样，陪我买买菜呢？

"像其他人一样——"

这是在这座城市生存最安全的法则。

小城多么荒芜啊。夏天的夜晚，爸爸和Z叔叔几个朋友开完诗歌聚会，那时候也才晚上九点，甚至连北方味的灯光都熄灭了。像寒冬夜行人，爸爸和Z叔叔蹑手蹑脚地走在黑暗的大街上，偶尔交谈两句，轻微的脚步声像是落叶，也像是交谈声中的间隔符号。不知不觉，我就在爸爸背上睡着了。

尽管如此，他们依然得在唾沫星子组成的河流中艰难跋涉，他们得放下充盈的厚实的灵魂，任由时间把他们的身影打磨成薄薄的一片，贴在这个北方饭店那面并不透亮的玻璃上。

第二次走进北方味，是Z叔叔在这里结婚。到现在我才醒悟排场做得那么大的缘由。Z叔叔需要一个机会来广而告之，尽管他写诗，他离婚，但他和街头巷尾的普通人没有差别。那天他看上去像大多数新郎官那样兴高采烈，搂着他的长辫子新娘——那个女人个头矮小酒风彪悍，我注意到她的手指上有着男人一样的茧子。或许像在纺织厂的工作一样，她在酒桌上也是个熟练工，确保了她的新郎没在新婚之夜被灌醉。

记得那天我在门口站了一会儿，从那里望过去，玻璃里面模糊重叠交叉的影子再次提示我，这是真实的场景。此刻的画面无法展示一个人内心深处的细节，攀登者想紧紧扒住生活中的什么，只是那个斜面陡峭，双手无力……

我一直在担心Z叔叔，但是很快就为自己的成长而自顾不暇。每当我漫步在北京的街道时，有时会尽量让自己陶醉在一种错觉之中……这里不是北京，是离北京有几千公里的小城。我特别享受错觉与那个寒冷冬夜里凋零的街道重叠在一起的景象。有时候甚至感受到远方会传来一种无声的呼唤，尽管我从未弄明白那是什么。

2013年末，我采访了余华。他也曾在一个小城待过许多年，一直坚持写小说，是那座城市的怪人，终于把自己一路写到了北京。我本来已经拉过一把椅子坐在他身边，准备好好听他说说小城故事，可那天他赶着出席一个会议，我从他嘴里套出来的全是那天采访的主题，所谓对新年的畅想。

你已经猜到我想到爸爸，还有Z叔叔了。是的，上世纪80年代，当他们在为《自贡文艺》这样的杂志苦苦挣扎的时候，另外那些先锋作家们：余华因为高考落榜已经当了三年牙医；孙甘露正骑着自行车满上海地送信；至于莫言，还在军队图书馆如饥似渴地读书，恶补他自小学五年级辍学后所错过的知识。

他们都在各自的小城面对着命运分岔的小径。

为了打听 Z 叔叔的消息，我先后询问过爸爸的老同事，解放路上的药剂师，桐梓坳的邻居，还有一位声称 2002 年曾在电视节目里见过我的大学同学。这些人中有两个告诉我，Z 叔叔已经得癌症死了。"你说的是买彩票发财后失踪的那个 Z 吗？"还有一个迷惑不解地问。

关于寒冬夜行人的往事，仿佛只有北方味还能记得。那天我绕着饭店走了一圈，里面有三张临时床铺，但没有任何和 1985 年有关的东西。民工们的裤衩大大咧咧挂在那里，四处都是残砖断瓦和一桶桶的水泥。落地玻璃脏了，裂了条伤疤一样的缝。从那里望过去，有一种摇摇欲坠的危机。

后来我回家过年，有天深夜已经躺下了，大门上响起一阵急促的敲门声，过了一会儿听见爸爸去开门，很惊讶地问来人脸上怎么受伤了，那人说什么摔了，然后声音渐渐变细小，两个人窃窃私语了一阵，我也就迷迷糊糊睡着了。

次日清晨吃饭的时候，爸爸突然懊悔地说，Z 叔叔多半是和老婆打架，想在我家借宿一晚，没好意思说。我几乎跳了起来："昨晚那个是 Z 叔叔？"我问，"你怎么不叫我？"

爸爸形容 Z 叔叔胖了老了，妈妈却很不满地在旁边补充说：人家好得很，儿子早早结了婚，特意选在北方味办的！然后去了澳洲定居，工作也稳定，除了偶尔和婆娘打架。

我没能再见到Z叔叔，就连北方味饭店，也只剩下贴在门口的那个封条，就那么无声而孤零零地悬在那儿，像一张写满了故事的讣告。

那天晚上我从梦中醒来，干巴老头儿就坐在那里磕着旱烟锅，不再是从前那样欲说还休的表情，他低着头，一言不发，或许北方味饭店正在死去罢。

我其实已经忘记Z叔叔长什么样子了，那张年轻的面孔不见了，他早就隐没在北方味饭店模糊的玻璃门外，那没有特征的黑暗之中。

世界上比我还要难过的人

最早听他们提起老魏，是听他们在神神秘秘地讨论，说隐藏在他衣服底下的全都是伤疤；还有人说他的耳背是因为一个足球大小的炮弹在他旁边炸开；最后大家争论的焦点是，那场爆炸是不是波及了他作为男性最重要的部位，否则他为什么此后独身了一辈子。小孩子们也跟在大人们身后起哄，三狗子煞有介事地说，他有一次路过洗澡间，发现他背对着门口，姿势颇为怪异。

各种各样的传说遮掩不住我们对他的好奇，谁让他是我们这里唯一的异乡人呢 ——他又住在一个那样阴森恐怖的地方，说着一口格格不入的普通话，永远戴着顶帽子，脸色晦暗阴沉，还将一双眼睛藏在帽檐的阴影里。他简直就像课文《装在套子里的人》的主人公，只是没有那把当作拐杖的雨伞。

还有就是，他很少有站立的时候。

谁也不知道他姓甚名啥，他们都叫他老魏。

四川这个地方很少出太阳，可是人们却特别喜欢摆出一副晒太阳的模样，长年累月地希望把骨头里的那丝凉气晒出来。其实大部分的人只是那么坐着，毫无意义地杀时间。不像他，他的状态永远都是捧着一本厚实的书，即使坐在那里，他的帽子也还是压得低低的。他把书捧得很高，所以不管从哪个角度看过去，他面前板凳上的一摞书和高举的书本，就像一个盾牌，把他整个人都遮蔽起来。

有一次我观察到一只苍蝇在他背上着陆，先是在那里搓搓手，停停，再搓搓手，然后好像也开始闭目养神。人和苍蝇都保持着禅定，比黄昏中的远山还要凝滞。

每年夏天，他都会失踪两天，每次都有人说他被龙王爷带走了。但是每每说完这句话，他又会像没事儿似的立刻出现在大家的眼皮底下。后来我想，人们猜测他的生死倒也不是出于恶意，在人们心目中，他就应该以某种怪异的姿态为我们的龙门阵增添一些谈资。

很快就有人发现了他失踪的秘密。

那时候，我们的城市像黑白片那样沉静而沧桑，山与水的交汇处，高高低低的房屋像残旧的积木一样毫无规律地四处散落。山岚水雾，长长的石板路，河里小驳船的白烟像是从一个空旷而不知满足的肚子里发出来的……

每年夏天，釜溪河都会上涨，发大水最严重的时候，整个城市像件被泡进了水里的旧衣服，潮湿腐旧，散发出难闻的气味。

在这种奇怪的时候，有人发现老魏定定地坐在水边，眼睛一眨不眨地盯着那些卷在水里的死鸟、死狗、稻草、屋顶、大树枝、整块的泥土，甚至被冲掉了衣服、无遮无掩、泡得已经发白了的死尸……他那种样子，像是深陷其中的一部分而绝非只是一个旁观者。

后来有人猜测，有可能连居住的地方也是老魏精心挑选的：老魏的房子挨着一截被遗弃的铁轨，入夜的时候，那地带就成为险象环生的漆黑一片，风吹着铁轨旁的杂草，发出毛骨悚然的哭喊音。

这是座建于清末民初的百年车站，也是如今少有的保存完整的老站。有人说从这里一直走到头，就能看到有群人坐在铁轨尽头，那些全是冤死的魂。还有人说如果走在铁轨旁，听到有人喊你的名字千万别回头，不然魂就会被招了去。不知道是否因为这些传说，小孩子一般不敢轻易涉足那里。

虽说位于车水马龙的市区，把门的两个大铜锁，却把它与一墙之隔的喧哗隔离开来，让它变得越发像一个孤岛。

其实穿过铁轨，是去外面的菜市场的捷径，然而别说是小孩子，就连大人也不会轻易尝试在深夜的时候穿越铁轨。

在桐梓坳流传最广对小孩子最严厉的惩罚，就是在警告某人别犯错的时候，轻轻地说上一句，晚上把你送去老魏那里罚站。

老魏的屋子从外表看上去，就是一所废弃的房子。房间狭小逼仄，却有一大扇窗户对着铁轨。要到达这所房子，需要七折八拐地穿过一片杂草和灌木。

十三岁那年，我经常独自一人坐在空荡荡的铁轨旁，火车的轮子跑过铁轨的声音，会带给我一阵又一阵海浪的眩晕感。

我也经常默默地观察老魏，希望能够发现什么惊世秘密。有时候他拿出把大剪刀，端详半天，就足以使人心惊肉跳，但其后他只是坐在门前的大树下，像是剪去半截手指那样咔嚓有声，然后就有一些白色的指甲像暗器一样飞溅了出来。

不过，如果有人认为他的沉默寡言意味着可以随便把脚踏进他的生活，可就大错特错了。曾经有过个别胆大的，例如小结巴在他家的门上贴了张纸条，类似什么"西北佬滚回去！"第二天我们听见小结巴家传出一阵暴吼，他像是从暴风骤雨扫荡之后的碎片之中走出来，从此更没有任何人靠近他。

早在我出生前几年，他就搬来了桐梓坳。他的家庭，他的身世，他的过去一直都是个谜。最诡异的是，作为一个男人，他怎么能够不抽烟不喝酒连脏话都不飙一句呢?

他们猜他那个时候五十岁左右,可是已经显得老气横秋。他说话很少,也不和任何人打交道,走起路来佝偻着背,就连隔壁的杨奶奶也都跟着称呼他为"老魏"。

他和整个桐梓坳是那样格格不入。

可是有一天,当我偷偷地瞟他时,却被他发现了,他叫住了我:"你愿不愿意帮我读几篇书?"

他的眼睛完全没有看着我的方向,我一度以为他是对着天空的方向和另外一个看不见的人说话。他的语速极慢,从嘴里往外蹦的像是硌嘴的石子似的:"我可以付你报酬。"

我逃了开去,那天晚上,我翻箱倒柜也没能翻出来一分零花钱,这才想起来,上次为了给家里买那台小小的黑白电视机,我的小猪存钱罐已经壮烈牺牲了——说起来,我们家是整个大院最后一个买电视机的家庭,而妈妈之所以下这么大的决心,还是因为那天晚上为了看一集《射雕英雄传》的重播,被邻居张阿姨拒之门外。

第二天早上,我心惊胆战地敲开了他家的门。

"一天早上,八等文官基里尔·伊凡诺维奇·瓦维洛诺夫下葬。他死于俄国广为流行的两种疾病:老婆太凶和酒精中毒……"那是一本薄薄的小册子,书是用一种老旧的牛皮纸装起来的,黄褐色的材质，扉页上面是工工整整的钢笔字：契诃夫小说选。

"在他演说家的字典里，那些热情似火的词汇，远比随便哪家小饭馆里的蟑螂要多。他总是讲得娓娓动听，长而又长，所以有的时候，特别是在商人家的喜庆上，为了让他闭嘴，不得不求助于警察的干预。"

我继续念着，虽然大多数时候并不懂得文字描述的意义，但是也忍不住呵呵地乐了起来。

"你笑什么？"他还是不看我，就像在对着天空问话一样。

第二天在院子里，他还是像从前那样坐在大树底下，什么都不做。阴影打在他的整个上半截脸颊，看不出来他的眼神飘往何处。妈妈经过他身边时，他突然叫住了她：

"你女儿，"他说，"喜欢看书。"

"你说他是不是个怪人？"晚上的时候，妈妈讲起这件事情，一边往我碗里放了块土豆。妈妈一向不喜欢对院里的事发表意见，但是她听完我说他付我钱读书的事情，却沉默了。半晌妈妈才憋出了一句："倒是听谁提起过说他眼睛里有飞蛾的事情——咳，能帮就帮吧。"

此后他便时不时要我为他读书。他的房间很小，家具少得可怜，一眼望过去只有单人床、桌子、煮面条的小电锅、一个唱片机。四处都堆满了书。

他的书多是历史、文学和诗歌，从《纵横》到《契诃夫小说全集》，从《西方诗歌精选》到《人间词话》，密密麻麻地堆在了房间的每个角落，我猜想大概有几千本。

它们勉为其难地扮演着家具的角色，或是拼作床脚，或是作为饭桌。他相当爱惜自己的书，每一本都包上了纸壳色的书皮，只是那些书太多，它们占据了其他东西应该在生活中占据的位置。

有时候我会想象年轻的老魏望着清冷的天，敌机一架一架地俯冲扫射，疯狂地投掷炸弹，气浪冲天，硝烟弥漫，震耳欲聋。老乡的房子起火了，阿妈在寻找自己的孩子，孩子在火里呼唤阿妈，山坡上血肉横飞，惨叫声、救命声、炸弹声汇成一片。山上躺着战友的尸体，树上挂着衣物和血肉，血染山岗……

那段时间，我并不吝于把我从《战争与和平》《巴黎圣母院》当中读到的那些细节，加上自己的想象在老魏身上现学现用。

其实老魏从不谈论自己，每次的读书时间，读完他就掏出钱来赶我走，但是慢慢地我才发现他其实对孩子和成人的态度完全不一样，因为他偶尔给我报酬的时候，也塞给我几颗糖、饼干什么的。

有一次他看上去心情很好，我便问他：

"你是西北哪里的？"

"酒泉。"

"那里怎么样？"

"还好，空气比这里好，也比这里漂亮。"

"那你为什么还要来我们这里呢？"

他耸了耸肩，不太想回答的样子，半天才勉强从牙缝里挤出几个字"都忘了"。

"他们说你参加过朝鲜的战争。"

"好多年以前的事情……也都不记得了。"我并没有注意到他的脸色开始刷上了一层铁青色，"好了，你今天的话实在太多了"。说完这句话，他嘴巴紧闭，就好像我用螺丝刀也撬不开了。

"可是，他们都说你出了毛病，战争给闹的，还说你去打仗把身子打坏了，你的女人就甩了你……"想都没有想，那些在他背后关于他的议论就脱口而出。我完全没有留意到他的表情，既然打开了话匣子，想要关上就没那么容易。

就在我滔滔不绝的时候，他的嘴唇仿佛嚅动了几下，但是我压根没听清他在说什么，于是我还在源源不断地向他复制大人们的话，直到突然之间，我发现他的眼睛……那是第一次直直地盯着我，就好像盯着的不是我，而是一个恶魔，那是我生平第一次看到这么可怕的眼神。那双眼珠子，像一对浑浊的鹅卵石，既大又圆，有种邪恶的灰白色。

这个时候我终于听清他在说什么，那个声音是从很遥远的地方飘过来的，特别清晰，咬牙切齿，完全不像是他本人在说话：

"我已经把自己关在这里了，你们还要怎么样？"

他的嗓音变得很奇怪，根本不是平日里那种低到几无可闻的低沉。

"让我安静地待着不行吗？"他说，一把把我推出了他的房门。

我再也没能进去他的房间。这个时候爸爸开始教我读唐诗，纠正我：人之初，性本善，性相近，习相远……直到我把它背得滚瓜烂熟。他送给我生命中自己拥有的第一本书《尼尔斯骑鹅旅行记》，蓝色的封面，厚厚的，分为上下两册。那时候我识字还不太多，但我被那个变成小人的孩子迷住了。他去过的那些高山、湖泊，遇见那些会讲话的乌鸦、花草，参与黑家鼠和褐家鼠的斗争。

一年又过去了，我的个头已经比同学高出许多，就像那个鹅先生，某种程度上似乎成了一种征兆：无论是年龄、身高还是看的书，我都与众不同。但我不喜欢这种所谓的"与众不同"，这个词只会让我想到怪癖、怪异、怪人……

或者老魏。

有的时候我也会想起老魏的那个房间，不足十平米的地方，从早上五点至晚上七点，阳光每天都气喘吁吁地试图在窗梗上爬行，却从未能够将它的利爪伸将进来。他的房间，所有的家具，其实也就是简单的床、桌子以及其他所有由书组成的家具，全都浸泡在无边无际的阴影里面。

没过多久，他居然开始"大兴土木"，这个一年四季都穿着补丁衣服的人居然开始"装修"房间。这件事很快就成了大院新的话题，每天都有几拨人同时涌到他的房间门口，好像完全忘记了他那张谁都不搭理的怪脸。

围观的热乎劲儿没两天就散去了，因为大家发现他所谓的装修完全是他一个人的行为，没有请泥工、瓦工、木工。他戴了一个硕大的遮住整张脸的口罩，再加上那顶把自己盖得严实的帽子，搭个梯子，用不知道从哪里拉来的砖头，开始一块一块地垒起来，然后再糊上一层水泥……他一言不发地劳作着，从清晨到夜晚，我们眼看着那堆烂渣渣的砖头被垒成了一堵厚厚的围墙，直到把他的窗户都遮住大半。从外观看上去，他的那个房间终于像个难看的厚重的蚕蛹的时候，他才住了手。

完工的时候，差不多已经是夏天了。

那个夏天漫长而艰苦，我阅读了许多关于朝鲜战争的书，一开始我只是小范围地讲起老魏的故事："生与死的距离在这里比导线刺刺的燃烧时间还要短暂。老魏的头上，距离头顶两毫米，距离太阳穴一毫米，什么东西经常性地呼啸而过……"慢慢地，他的故事变得越来越精彩，"敌人的重型轰炸机在战斗机的掩护下，轮番地轰炸，那震耳欲聋的炮声简直就要把灵魂震出了窍。在与我方高炮对空激战中，敌机又投下汽油弹，前方阵地一片火海。老魏所在的炮连连续发射至炮身发红，炮手们更换炮身时突然一颗炸弹落到四炮班，除了老魏，全连十几名炮手全部牺牲，炮弹被毁。最后，他靠着仅有的一台报话机与总部取得了联系。总部决定调来来自苏联的喀秋莎火箭炮支援上甘岭，命令岭上守军在炮击结束后乘隙撤出。密集的炮击开始了，敌人付出了巨大伤亡的代价不得不迅速后退，老魏成了唯一一个幸存下来的炮兵……"

故事演绎到这种程度的时候，我发现自己开始有了朋友，那些说我成绩差，嫌弃我"智力低下"的同学终于托着双腮，跟在我屁股后面追问老魏的故事，就好像那些炮火纷飞的英雄事迹是我的而不是老魏的。

不料，暑假完了开学上课，班里开始弥漫着一种奇妙的空气，大家对我好像格外陌生，有时候跟周围人说话，回答也都敷衍了事。起初我以为自己过于敏感，也没怎么介意，后来发展到主动搭话也没人应声。以前关系亲近些的同学也不靠近我，一待我靠近就像有什么默契似的噤声，大家全都像躲避传染病患者似的对我避而远之。

不光同学，老师也尽可能不搭理我。点名时他们也点我的名字，但仅此而已，绝不叫我回答问题。学校里的任何事情似乎都把我排除在外，没有人肯和我搭档，也没有任何人帮我。我默默上学，默默回家，日复一日。几周之后，我开始整夜地失眠，一躺下就感觉有冰冷的潮水溢过胸口，醒来脑袋也昏昏沉沉，到最后醒还是没醒都渐渐没了分别。

直到有一天，我才知道，原来竟是无聊的同学向桐梓坳打听老魏的故事，听到了所谓"正确"的版本，和关于"他只是个普通人"的说法……"骗子""撒谎精""虚伪"，他们尽可能地赋予了我很多的称呼。有时候听到别人嘴里的自己都会使人疑心那是只陌生的怪兽。

桐梓坳开始逐渐地变了，不再像从前那样，家家户户都敞开着大门，晚上端着饭碗到院门前的那棵大树底下摆龙门阵。好些人买了新房搬走了，剩下的人家紧闭着房门。大院安静得找不出人居住的气息。

那天晚上……我选的是一条捷径小路。头天晚上下过雨的缘故，脚踩在泥泞上面随时都在打滑。我小心翼翼地穿过轨道，一步步地前行。我沿着每天的必经之路去看铁轨，令人厌倦而焦灼的路，很多次当我经过铁轨，都能看到老魏永远坐在那里的模样：就像一座安静的雕像，莫名地给人一种巨大的安慰。

而这一次，他还穿着那件被磨得说不出颜色的衣服，但是没有坐在屋外，窗户半开，废弃的煤灰就那样不经意地倒在地上，他的头垂在那里像死去了一样。

我突然失去了走进去的勇气，我们太久没有交谈了，我只是默默地躲在一丛大的野草中，从缝隙当中悄悄地望过去。

就在那一刻，我突然对他的这座城堡充满了痛恨。我恨他如此甘于这平庸的生活，如此沉默而又卑微。他原本应该是个战争的英雄，是个了不起的人物，他原本应该讲给我听一些属于他的故事，让我的生活充满那些我永远可望而不可即的幻想，把他的生活转换成我的。

而他，还是那个样子，更瘦了些，脸上的褶皱更多了，他的那双像是爬满了蚯蚓的手，他的有着许多旋涡圈的眼镜。他的眼睛那个时候恐怕已经接近半盲了，眼球里面一片混浊，卵石深深地陷入泥石之中，但此刻阳光照到了卵石的上层部分，它变得透亮。小电锅还在咕嘟嘟地烧着开水，水蒸气冒上来—— 他又在煮面，一种一天一次赖以生存的物质。他蹲在地上，一本一本地去摸书—— 一段时间不见，他的书仿佛又多了些，多到侵蚀了他所有的空间，连他的单人床也被占去了一半。他摸着书的样子很怪，哆哆嗦嗦，一寸一寸地，既带着羞怯又有些隐隐的满足，就好像躺在那里的不是什么书，而是一具具暖暖和和的肉体。

然后，他用摸索的姿势，从兜里掏到了一颗水果糖。当时早就不流行吃那样的糖了，那种透明的玻璃纸包装的糖，看上去太硬，一口能硌掉一颗牙来……他咬牙切齿地嚼着，脖子上的青筋像一条丑陋的爬虫在蠕动，嚼着嚼着，他突然站了起来，环视四周：越垒越高，高到几乎到他肩膀上的书堆，沿着墙根，沿着床，沿着桌子，蔓延着伸出枝条的那些书。他朝上伸出双臂，发出了一声绝望的低号，然后一头扑进那些书中，重重地，像是要把自己像个沙包一样扔进去。

那应该是我平生第一次见到他那样的表情，就在那一刻，整整一个夏天的痛恨和难过全部消失不见了。就在来到这里之前，我无数次臆想过自己卧轨的场景，老师后悔得捶胸顿足的样子，我想象所有同学围在我残缺的肢体前默默流泪，后悔他们没有重视过我，甚至就连那个每天都把毛毛虫放进我铅笔盒里的讨厌鬼，也在我的坟前痛哭流涕……

不知道为什么，那个想用自杀来惩罚谁的念头一下子就消失了。不知道为什么，只是突然就想明白，原来这个世界上有比我更难过的人。

我扭头就跑了。

几年以后，我上了大学，如愿以偿地去了另外一座城市。爸爸依旧待在这座城市不愿意离开，他常常说"没有变化的生活就是最好的生活"，他甚至连手机都不愿意使用。我们常常写信，我告诉他外面的世界，他告诉我桐梓坳的所有变化。

　　那个大院已经差不多拆迁，大部分老邻居买了新房搬走了，爸爸一点一滴告诉我每个人的去向。有一次他说，老魏也不见了，有人说他回西北去了，还有人说他跟着一个拾荒的女人跑了。

　　那之后，我的工作很忙，常常需要去往世界各地出差，我想自己已经把这座小城遗忘得差不多了。爸爸还是隔一段时间就给我写信。

　　慢慢地，他也开始上了年纪，在信里重复地写一些讲过的事情，而另外一些从未讲过的事情他却以为早就重复了好多遍。比如他在信里说："记得我告诉过你的吧？大家以为老魏回西北之后没多久，就发现他死在了家中……"

　　他说，房间变得恶臭，当居委会召集大家募捐的时候，才发现老魏的人缘还不错，好几家人的孩子都去给他念过书，拿到过他的报酬。除此之外，他从来没有拖欠过水电费，没有给任何人添过麻烦。

　　那一年房子都拆得差不多了，也没有人看得上老魏那间破房子，于是在他下葬后没多久，建委找了施工队，想把那间房子推平了，兴许以后还能修建个啥。"你还记得有一年老魏在自己房子前面砌围墙的事情吗？"爸爸在信里写道，"他们把那围墙推倒，才发现连砖头里面也全都是书，那可是整整一面的墙啊！"

没有人能理解这个，老魏最后一次给桐梓坳留下了一个问号。可是还是没有人知道他有着什么样的身世，又经历过什么，爸爸的那封信讲了好多的事情，我只记得一句："不要说户口簿，他们居然连他的身份证都没有找到。"爸爸接着说："那就意味着，这么多年，他都是一个没有身份的人？"其他还讲了些什么，我的意识已经一片模糊了……收到信件的那天我正好在长江边上，沿着江边其实能够闻到与当年桐梓坳相似的那种湿漉漉的味道。

读完信，我继续沿着江边跑步，泛滥着恶臭的江水味道就好像把釜溪河连接到了这里，死狗、死鸟、老魏死去的人生……我的脑海里一再呈现出那个拥挤的房间，差点告别人世的那天，那个躲在假想的家具里的老人，和那些无声却又无助的眼泪。

他的死也把我沉重的童年一点点地带走了，直到我的回忆一无所剩。从此我的世界将变得轻飘飘的，世上将无人再记得我贫穷而脆弱的过往时光，那么我和他，又有什么区别？我们

都是丢盔卸甲的逃兵，只不过我逃避在不同的城市，而他逃避

在了那间书本砌成的房间后面罢了。

我想活得危险

"道奇先生"拿下罚单之后有点受伤的感觉，一路上都沉默不语，间或有点轻微得几不可闻的喘息。

我当然也没有说话。2017 年我又上路了。从美国西海岸一路自驾前往东部，没有目标没有计划，走走停停。上路就是为了活着，活着就是为了上路。

在机场的 Herzs 车库，我一眼就看到了"道奇先生"，全身白色，看上去低调，有点隐隐的骄傲和那种一闪而过的小狡猾。

每当我坐在驾驶位——尤其是下雨的午后——我有一种清晰的感觉，仿佛我的人生就在我双手紧握着的那个方向盘里。想象中即将到达的目的地每次都不同，有时是安静的城镇，有时是落败的 downtown。

一次，我在穿越闹市的人群里看见了天才的 Jimi Hendrix；

一次看到的是我自己，来自十年前的自己，拖着疲惫不堪的行李箱；还有一次我看见了我最喜欢的作家保罗·奥斯特，和厄普代克并肩而行。

尽管，这些人当中没有一个实际闯入我的视线。他们只是徘徊在"道奇先生"所不能触及的阴影之中，我向前行，它们就更前，犹如记忆的碎片，然后溜走。

三岁的时候，出过一件不大不小的意外，咔嗒一下，世界像闪电一样开启了。

四年级的时候，为了一个可以去区里演讲的名额，我在家练习了一个月，每天都声情并茂到扫地都能扫出一屋"鸡皮"，直到有天晚上一个邻居（各大演讲比赛的常任主持人）问我，今天我报幕报到你的名字，你为啥没来？

我又用了一个星期的时间鼓足了勇气去问通知我的老师，她笑了笑，我忘记了。

上初中的时候，因为我家就在学校里面，同学们天天自发的中午来我家蹭饭，下午去我家玩，我家的菜最紧缺的时候连泡菜坛里的咸菜都能被吃完。

我妈忍无可忍地发出通牒。我左看看右看看，喏喏地说，你们走吧，我要学习了。她们一边取笑我，一边在我的小床上东倒西歪。你们走吧！我要学习了！我提高了嗓门，她们奇怪地看着我，那个眼神告诉我，再也不会有人跟我玩了。

所有这些丑陋乌黑的珠子，有可能串在一起就是那只叫作"社交恐惧症"的怪物。

"2016 年 4 月 30 日，末日来临的前 天，从北京搭乘飞机到洛杉矶，转到圣何塞，再从圣何塞坐大巴，两个小时后爬到 11200 英尺，就可以站在伊苏拉火山顶了，晴朗的时候可以眺望到世界上唯一的那棵树了，和丫谈个恋爱吧，丫不玩游戏也不会有的没的，你幸福时 ta 在那里，悲恸时 ta 还是在那里。"

——这是我写在去年生日的。

我一度待在家里整月不出门，就像蜗牛躲进了壳里，我能感觉到自己在一个不知道什么名字的地方停了下来，一个硕大金黄色梨子般的太阳正在头上，像是一直对我不离不弃。一丝风都没有，炙热的紫外线烤得就如同行走在沙漠里。有一次快递来了，我坐在屋里接电话说：我不在家，你放门口吧。

"对不起。"我听见自己说。

"那是人类首次登陆月球的夏天。当时我还很年轻，却不相信会有什么未来。我想活得危险，把自己逼到极限，看看会发生什么。结果事实证明，我差点没挨过来。一点一点地，我看着自己的钱化成零，没了住的地方，最后流落街头。"

第一次在书店和保罗·奥斯特的《月宫》邂逅，我一下子就被这段话吸引了。

《月宫》就是对绝境的一次掘进和详细记录。奥斯特在我们眼前展开了一趟地狱之行。

而我现在，就站在全美国最孤独的50号公路，穿过那里，可以从东部开到西部，或者从西部开到东部。

"我想要活得危险。"

车不多，道路宽敞，路过去是山，山过去是天空，画面的层次结构过于分明。这里的白天与黑夜也是界限清晰的，没有了极致的黑的庇护，人就很难假装处于装睡的状态。

一旦开始沿着公路一个个城市探索下去，年轻时候焦虑的气味就会扑面而来：我在美国东奔西跑的那些年，曾经对无数城市肮脏的楼道，无数场馆黑暗的角落展开过刺探，我探入过这个国家的最深处，与出租车司机、服务员、球员、陌生人展开过无数的对话——我把生命中的一部分遗留在那里，却带着不明所以的东西逃之夭夭。

不明所以——我想，这正是我十多年前一个冬天的上午要找而没找到的那个关键词。那天我拖着一只疲惫不堪的箱子，鼻尖发冷，僵立在曼哈顿的街头一动也不能动。

San Diego、LA、San Jose、San Francisco，我一路开过去，

好像是对自己的一种报复。像一个游魂，我一程接一程地将所有的城市、乡村、树、人群扔在脑后。

有一天 Google Earth 把我带到一个峡谷，从夜里九点开始，我一直在那座深山里搜寻，一直到十一点。美国的道路修得极好，夜晚也能看到银白色的一条在远处闪亮。整整开出去十公里，远远望见一个独立的 house，有个女人在屋前，哗啦啦地洗衣服——没有什么比在这么繁华的国家找到一座这么离群索居的房子更让人觉得荒凉的了，我像是走入了生命最黑暗的存在。

还有一个深夜，路过某个不知名乡村的路口，有个肥硕的小东西迟缓地爬了过去，"道奇先生"竟然一声不吭，唯恐惊动它似的，那是我唯一一次得见他的怜悯心。

大部分时间，"道奇先生"确实是骄傲极了，我不能轻易让他自己做决定。一次在 San Diego 他抗议着不想多走几步，一个小时之后我找到他的时候，也收到了到美国以来的第一个罚单。

那天我原本想责怪他几句，当我走过几个街区，坐到一家星巴克喝咖啡时，突然见到一只又脏又丑的大狗，第一次遇到和自己家的狗有一万字可聊的人。

他问它：你爱我吗？我爱你，你必须回答我。呜呜呜……好吧。

他转过来跟我说 water，我以为他跟我要 money，赶紧说我只有信用卡——后来才知道，那条不吭声的狗，名字叫 water。

好吧，"道奇先生"，可怜的"道奇先生"，原来你并不是这个世界唯一一个嫌弃自家主人而不能的。我为所有的"道奇先生"惋惜，为所有 2017 年必须忍受身边孤独患者的道奇先生惋惜。

望了一眼后视镜，发现有辆警车紧紧跟着，想起纽约朋友叮嘱的，无论警察叔叔问什么都回答 don't know，千万不能有罚单。

他很友善地过来敲窗户，我告诉他我不懂什么叫作 fast way，然后我说我来的时间不长，我对这个国度很多东西不了解（就像我从来都不了解自己糟糕的人生），我突然听见自己喋喋不休，对一个远在太平洋那一头的陌生人，如果他再多待一小时，我就会把自己自闭的这一年如数交代，那些被我的方向盘制造的混乱，那些我挖了个洞埋葬了的东西——从未有人像这个全然不认识的警察一样让我想把自己的人生一一道来。

"对不起，"我对他改用中文说，"我正在尝试让自己的人生过得危险。"

"Excuse me？"

"我是个作家，"我不知道为什么那么说，"我想体验生活。"

看来这是一个让他满意的答案。他笑了笑，没有罚单，没有其他任何惩罚。"再见，"他说，"祝你早日写出你的新作品。"

"再见。"我说。

"道奇先生"又沉默了，和一个这样的人一起上路，对他来说一定是件让人悲哀的事。它曾经和醉酒的人交谈，和清醒的人交谈，和有信仰的人交谈，和无信仰的人交谈，和孤独的人交谈，和自信的人交谈，但是应该从未和这样一个自我放逐的人交谈过。

大量热乎乎的液体涌进眼睛，我并不明白自己曾经对任何事或者物有过这样的感受，然而我知道，这种感情的强烈。

天色渐渐暗下来，"道奇先生"的车灯像强有力的心脏，给独自在黑暗里漂浮的我指明着方向。

Part 2

在我心目中，真正的人都是疯疯癫癫的，他们用巨大的力量扑向某种天真的事情。

我应该再去细读一下塞林格的香蕉鱼。
每写一首诗我都觉得
我会被命运卡住一次。
曾经有过相当长一段时间我什么也不做，
后来我意识到在这么长的时间里
我如同跟随香蕉鱼一起进入生命的内部——
那个荒凉又荒谬的存在。

生而为人

那使我们靠近的
也会决溃于黑暗
为什么　一片雨水
像灰色的马群
奔腾不息

一只飞鸟执着于
啄落天色
叶子摇碎了露水
盛满那干涸的视线

白昼出生的孩子
身体痛得像一团火焰
我倒在寒冬的祭坛
无法为这孤独写诗
而人世如此空空
大风来的时候
回忆还未出生　便已死亡

让我在夜里说会儿话

2017年2月8日，我把车停在太平洋边。前面有辆白色的车，一个男人在海滩边远成了影子，就好像是被陆地遗留在那里的一样。

天地之间，一片冥茫。

厄普代克写过那种场景："躲开喧闹和令人目眩的灯光。那情景就像某一部电影里的暗杀者冷酷地穿过正在狂欢的拥挤人群去完成任务，只是电影无法展示你内心深处紧紧扒住的陡峭、可触及的那个斜面。"

张枣也对那种"悬崖"有过描述，即使是一场热闹的聚会，"告别的时候，全无夜饮的散淡和惬意，浑身倒满是徒劳的兴奋，满是失眠的前兆，你会觉得只是加了一个夜班，内心不由得泛起一阵消化不了的虚无感。"

因为"消化"不了，天才的诗人张枣打算回国，北岛告诉他："如果还希望在文学创作上走得更远，就得学会接受这个。"

躺在床上，看着天花板，心里充满恐惧。保罗·奥斯特在《幻影书》里面写齐默教授，因为遭受人生的重大打击，选择在一个山谷隐居。他每思念一次遇难的太太，就把她用过的香水拿出来洒一点，唤回自己的记忆碎片。

洛杉矶的西木路，是张爱玲最后的去处。很多人去探访。

很多年以前，我还是个理想主义者的时候，读福克纳、纳博科夫和博尔赫斯。那时候我有些不太碰触像张爱玲这类"如此流行"的作家，以为她太"小情小调"了，没有家国天下，情爱的东西那么简单狭窄。直到很后来才发现，张爱玲这样的作家，才是作家中特别稀罕的一种。她在大时代中自我关照，单纯地忠于自己的心和感知，以至于在人间烟火中如此遗世独立。

我站在洛杉矶冬季的阳光里，我想我还没有勇气去寻找西木区，感知爱玲先生在生命最后岁月里不停搬家也停歇不了的孤独与荒凉。

我的孤独之所以不能到头，是因为我孱弱的声音并没有被人听到："我们别睡，在夜里说话，多有趣啊。我们说一会儿话吧。"

我想成为作家或者诗人，此事无关风月，无关繁华的物事，无关深深庭院、华丽衣裳、向前奔跑的姿态，无关在幽蓝的夜空中绽放的烟火，无关世界热闹的本质。

我想走到哪里，哪里的地就可以舒展开来，我手中的笔不需要任何结构或者技巧，一如我随意的人生——或许真正的艺术家都没有过"明确"的目标（菲茨杰拉德早就说过了——"无论怎么奋力向前挥动手臂，浪涛还是把我们冲回原处"）。而浑然天成，本就是艺术的最高境界。

有一次顾城问马悦然："你觉得有没有一种东西是我们所不知道的，但是是真正生命的东西？"马悦然看了顾城半天之后说："一定。"

顾城总结道："人如果要求寻找什么，必定是在他自身混乱的时候。如果你安定，你就不找了——你就是。"

我一路放着音乐喝着酒，红酒就选 Napa，啤酒就喝 local 的。终此一生，我也许都不知道自己在寻找什么。

给我妈拨通电话的时候，我妈笑了起来说，早上的时候你爸还说，孩子们会不会忘了我的生日？我当时就跟他说怎么可能？每年这个时候小荷都一定记得的。

这就是我妈呀。

有一天，我的一个朋友突然问我，为什么你的朋友圈很少有你和你妈的合影，你的那些文章里面基本上都是父亲的形象，而很少有妈妈出现？

我一下子就沉默了。

2016年我从南都出来准备创业，那恐怕是我迄今为止最困难的时候。我爸可能察觉到了，跟我妈说，咱们能不能给女儿资助点钱，我妈说，不行。

在我和她关系最紧张的那段时间，很久都没有出去跟任何的朋友打交道，有一次和几个同学碰头，不知道怎么就聊起了家里的事，一个学心理学的同学说，你妈妈就是爱的黑洞，给多少都感受不到。

1962年，为了度过灾荒年，外婆带着几个孩子，一家人搬去了北碚。那个时候妈妈已经随着外婆历经了几个家庭的颠沛流离。

有天下午外婆在跟隔壁的张婆婆聊天，一群造反派冲了进来。其实全是西南师范大学附中十几岁的半大小孩，嘴里喊着口号，先是拿皮带抽，后来又让外婆跪在地上，边骂边打，当时还是小孩子的二姨就站在旁边，吓得咬住自己的嘴唇，直到咬破也一声不吭，邻居张婆婆也在身后按着她。半大孩子们恐怕觉得拳脚还不过瘾，其中有一个顺势拿起放在一旁的坛子盖扔过去，外婆的额头被砸了个大口子，血汩汩地从头上流出来……

　　那天妈妈刚刚放学正要回家，隔壁家的小伙伴拦住了她，尚有一段距离，她却也听见了从屋里传来的喧嚣人声、重物落在地上的破碎声。家附近的小山坡上，有一个防空洞，她赶紧躲了进去，洞穴门口长着很多野草，从外面完全看不到里面，妈妈一直捂着耳朵蜷缩在一角……

　　从此以后，她就像自己的母亲一样，尤其怕划过天空的闪电，那种突如其来的响声不仅对耳膜和心脏是一种摧残，也会让她想起那些重物砸在地上的声音。

　　挨打只是灾难的序曲，妈妈看着外婆挨继父的打骂，或者挨各种理由来抄家的红卫兵的打骂，这渐渐成了她的日常生活。很多年以后，有一次妈妈对我说："不知道为什么，经常梦见自己光着脚，没有鞋，走到双脚流血……"

　　1949年以前，张爱玲已经预感到，如果留在国内，之后的每一场运动都不可能逃开。离开大陆之前，她对姑姑说：就当我死了，以后不必再联系，时代是仓促的，已经在破坏中，还有更大的破坏要来。

　　布鲁姆说，西方经典的全部意义在于使人善用自己的孤独，这一孤独的最终形式是一个人和自己的死亡的相遇。

1995 年 9 月 8 日，适逢中秋节，张爱玲的房东发现她倒于美国公寓的地板上，穿着她生前最爱的赭红色旗袍，而距离她去世的时间，已经过去整整一周。

她离去的方式，直接影响着我所有行走的感觉，她的孤清离我太近了，同样的大时代下面，激起的连绵不断的涟漪……总让人感觉生命在那一刻，洛杉矶西木区的公寓，太平洋的海滩边，我并不遥远的晚年，或许会有某种莫名的联结。

好吧，让我们还是说会儿话吧，在这夜里。

那只豹子在寻找什么？

北京城没有比他的酒局更加衣香鬓影的了，那些从午夜开始的品酒之会，总会让我想到盖茨比的"醉生梦死"："男男女女飞蛾一般在笑语、香槟和繁星中间来来往往。"

但他绝对不是躲在角落心不在焉的主人，即使他并不是宴席上高谈阔论的那种人，也从来不会像社交家一样地穿针引线，但他显然是我所见过的对酒局最有职业道德的一个人。day and night，他会小心翼翼地把啤酒、红酒、威士忌一滴不剩地收入他肉体的那尊容器，看着面前那些酒伴一一倒下，而他眼睛越来越亮，直到清晨的光线逐渐加强，把他的轮廓映衬得越来越淡。

即使到今天，他的长相依然英俊，脸部的轮廓甚至比女人更清秀，他的嘴唇显得柔软，年轻时候头发试过从中间分开，现在开始小心地梳到后面——他已经有一点发福了，那是多年夜生活和酒精的后果，但我想任何中年人都会心甘情愿付出这一点点代价。

他有着巨蟹那种天然暖男的气质，当你想说不的时候请提防他的微笑，大多数时候他这种微笑极为罕见，带有一种令人无比放心的感觉，那种微笑可是跟叛逆、醉生梦死、声色犬马一点都沾不上关系的。

"一个不生产美女的城市是没有前途的。一个不热爱美女的社会是没有希望的。"

说出这句话的龚晓跃一点都不让人惊讶。

1997 年秋天，龚晓跃刚刚在《南方都市报》落脚，有一次跟朋友泡吧到深夜，他有些醉意地说道："我二十岁以前最正确的决定是当兵，我二十七岁以前做得漂亮的事是为《新周刊》做了一本《中国不踢球》，然后就是到《南方都市报》，我预感这是个能做事的地头。"

龚晓跃和一帮兄弟自称传媒新势力，他和他们构建了在南方人气极旺的"五文弄墨工作室"，他和他们折腾出了报坛黑马《南方体育》，他和他们的很多行动都成了中国传媒界的创举。

龚晓跃认定，是时候颠覆时下体育类媒体的旧秩序，重新构建一种阅读体系了。这种体系的重建，始于所谓"快乐原则"，

北京城没有比他的酒局更加衣香鬘影的了，那些从午夜开始的品酒之会，总会让我想到盖茨比的"醉生梦死"："男男女女飞蛾一般在笑语、香槟和繁星中间来来往往。"

————《那只豹子在寻找什么？》

她改了名字,叫什么 Angela,她学会了化妆,
从每一个 45 度看过去,珠光眼线笔的那一
道都像是晃动酒杯时候的流光，一不小心
就晃到人心里去了。

　　　　　——《那个练习意形拳的女娃》

一排排的水果被排列在具有一定倾斜度的台架上、涂着黑漆的陈旧木板上，粉色的苹果、鲜亮的广柑被排列得美轮美奂……还有柜台后身堆积如山的青翠蔬菜，好像拥有了一种特别令人心安的安全感。

——《一颗水蜜桃》

厨房里的泡菜坛子是妈妈摆脱外界干扰，摆脱不安全感，进入自己世界的方法。

      ——《四川母亲，装在泡菜坛子里的爱》

一切从有趣开始，让无趣的人去死吧。

而我的记忆总会定格在 2002 年，张晓舟、魏寒枫、刘原、杨二、阿村这些"黄埔一期"的人，他们的标志性动作就是在一张狭长的会议桌上激扬地谈论着《南方体育》各种唯我独尊的选题。

身后的办公桌上摆放着许多报纸，很多扯淡文章跟体育压根就没有半毛钱关系，随便来看看龚晓跃写过的一些文章的标题：《性感或漂亮以及事儿妈》《向快乐致敬》《奥运就是找乐》《好玩至上》《爱英雄不如爱自己》《不性感的球》《在陌生的城市期待美女》……荷尔蒙和肾上腺素的味道，跟他们没完没了的烟一样扑面而来。

我记得窗户总是敞开着，篮球场上孩子们的喧闹声传进来，阳光会在铁青色的地上投下金黄色的条纹。

"以有趣对抗无趣"是当年《南方体育》的口号，人人都说矛头直指《体坛周报》——当年体育媒体的巨无霸，发行量第一的报纸。

《体坛周报》是密密麻麻的信息量，如同新浪的新闻；《南方体育》是各种戏谑、球评，加上情色花边，如同网易的"有态度"。那是一个妙趣横生的世界，而不仅仅是比赛成绩的体育世界。

他们说大部分人之所以默默无闻，只是因为没有遇到能成就他们的东西。而绝大多数读者对《南方体育》的回忆就是"激情！激情！姑娘！姑娘！"

多年以后有个哥们儿回忆说，看过《南方体育》某个连载，名字就叫《不关球事》，就是一哥们儿混打架场子之类的回忆，"在一丝不苟的小镇高中年代，是他们启蒙我可以用这么瞎扯的潇洒态度面对人生"。

我是不是忘记提了，如同当年南体走出去那么多才华横溢的记者：张晓舟、王勤伯、刘原、魏寒枫、方枪枪、阿村、黄庆等（他曾经掰着指头自豪地说南体出了二十个主编）。

和他有关系的事情就不能只是平淡，就好像那些酒局，特征最鲜明的就是各种姑娘：长腿的、大胸的、颜值高的，但是最重要的是，都是些漂亮而有趣的姑娘（她们不看春晚，不读《环球时报》，能用 Google 就不去使用百度）。

最诡异的是，多年以后这世界上总有那么一拨姑娘，像当初南体的旧部一样，愿意把最灿烂的最珍贵的时光用于陪伴在他身边。

某位媒体人有一次说起龚晓跃，特别惋惜地评价了一句："以他为代表的这一拨媒体人，无论才华如何，似乎总是命途多舛。"

我知道他指的是什么，那两年，冬天来得过于寒冷，即使是同类，都来不及相互取暖。

2005年秋，因经营不善，《南方体育》被迫停刊，从此绝迹江湖。龚晓跃随后也离开了广州这座乱糟糟的自由的大城，回到故乡长沙，操办《潇湘晨报》。在他的设想中，这份报纸不必太理想，三分之一就够；不要太现实，三分之一就够；也无须太技巧，三分之一就够，如此才能构筑成一个丰满挺拔的个体。

很快，这份带有浓郁个人风格的湖南第一大报，在长沙长期把持85%的市场。他们提倡"一个城市要更骚一点"，恨不得"整个长沙都是一场轰趴"，推崇"生活必须诗意，或者诗性"。但是2010年，龚晓跃又失去了在某主流大报高管层的全部具体工作。也就是从那个时候开始，每次见他，他都是在通宵达旦地喝酒。

他的酒局就像个流水席，各式人物漂来漂去，他说许多看上去像醉话的真心话——我从来没有遇到过一个人，像他这样从不隐藏自己情感的力量。

然后我就看见他在专栏里描述自己的生活，说是有许多人来分担他的失意，陪他醉生梦死，他形容他们都是优质酒徒，喝高兴了就去湘江边接着喝，对着渐次暗去的窗口高唱《国际歌》《光辉岁月》《海阔天空》。

"我的日子当然过得不坏。"但他还是觉得自己是个 loser。

这几年我偶尔回去南方报业集团，那个著名的 289 大院。从大门走进去贴着边儿往里，一直走到一座废旧的楼　　曾经是废弃的车库，后来被《南方体育》征用过的那个楼，才发现它已经旧得和垃圾站相差无几。

那一路上并无风景，但是南方总是有生命旺盛的植物，无论多少年以后你随便走走，总会对若有若无的林荫，枝丫间的鸟儿鸣啭，傍晚时分桂花的味道，心存感激。

有的时候我会矫情地联想到 1918 年，不到二十岁的海明威说："与其在年老体衰、万念俱灰时死去，还不如在这无不充满幻想的幸福的青年时代死去，让生命在灿烂的光明中消逝。"

相当长的一段时间里我和龚晓跃都没有联系，我也过得不那么顺利，常常都会因为现实种种而痛恨自己的不成熟，也就是某种意义上的不够世故，不够老练，不够装逼……后来有一天我恍然大悟，这些都是龚晓跃和《南方体育》的传统，都是在那间有着金黄色条纹的房间里面遗留下来的血液。

漫长的岁月中，一张报纸究竟能走出多远？

那些年我们仿佛从来没有忧虑过这个问题，就好像穿过破旧的操场，晚霞时候残余的光，也曾经使得《南方体育》的玻璃在瞬间短暂地闪亮。

我一度以为它们会像泰坦尼克号一样消没于长久的黑夜，但是很多年以后，即使人们或多或少对周遭的一切失望，我还是会遇到有人在微信里跟我提起某位旧同事、某篇过去的报道。

作为一个被命运这个小胖子捉弄过的人，龚晓跃偶尔才会在字里行间流露出"理想主义"，你可别指望在酒桌上听到这些，后来我看《摔角手》，觉得他们就是在说他啊：

　　　　随着时间推移……

　　　　他们会说他完蛋了

　　　　他完了，他是窝囊废

　　　　他得过且过……

　　　　你们知道吗？

　　　　再来二十年

　　　　唯一能告诉我，我处事有始有终的

　　　　就是在场的各位

　　　　这里所有的人

　　　　我要告知你们

　　　　因为你们都是我的家人

以前我总认为每个人都在各自不同的路上，但三十岁以后，在我们被大环境小环境各种挫败后，我希望可以修正一下——我发现大多数人不过是抛锚在这条路上，空踩油门罢了。

人到中年，再生的力量是那么微弱。

或许你会觉得那种醇酒美妇的生活太过堕落，可你想让我们怎样？或许你要批评他挥霍才华，显得整天无所事事，可是他绝不会违心地给企业写公关软文，也不会容忍自己的作品被曲解，不会容忍自己的品位庸俗化。比起那些靠剽窃成名的畅销作家、死不认错的剧作家，他有时候的不出手反而可以看作是一种男人般的抗争。

在这个权钱至上的社会，到处都是得意或者失意的人，到处都是实现或破碎的梦想，在这个乐坏礼崩的世界，评价一个人品性好坏的标准并不是他的生活有多么混乱，他的性格有多么散漫，而是他是否还拥有灵魂。

而这种可贵的自由意志，才称得上是媒体人最后的"老炮儿"。

前几天我发了条微信，我说："我一辈子都喜欢跟着让我感觉有兴趣的人，因为在我心目中，真正的人都是疯疯癫癫的，他们不露锋芒希望拥有一切，他们从不唯唯诺诺，不按部就班，他们既不看月光也不捡六便士，他们从不疲倦，他们醇酒美妇求速死。他们用巨大的力量扑向某种天真的事情。"

然后龚晓跃回复说他是。

我这才想起来，听说他又开始创业了，一个依然有趣的体育公众号叫作"有马体育"，还像当初的"南方体育"一样，每天深夜读到那些文章，你都像是马子被人泡了之后不想再假装爱无能，你要挽起袖子，跟敌人干。

再回到 2002 年的那一年，也就是我头一次踏入《南方体育》大门的时候，我记得龚晓跃给我们讲过海明威的《乞力马扎罗的雪》："本该生活在山下的草原，而这一只豹子却不知为何来到了雪线之上，结果死在这里。那个男人，不好好地在纽约或者巴黎享受要啥有啥的舒适生活，非要来到非洲，结果死在这里。"

是啊，那只豹子在寻找什么呢？

那个练习形意拳的女娃

　　我们在"一对山"的山巅讨论形意拳的时候，我生平第一次注意到阿珂眼睛里面的光，隐隐约约不可捉摸。

　　我和阿珂交流过各自对江湖的看法，我的是我家老掌门灌输的"锄强扶弱"，而阿珂眼中则是"沧海一声笑"，至于那个"沧海"是什么，我们并不真正知道。

　　那天，我们悄无声息地穿过大半个小城（其实也就是十分钟左右的路程），我听见自己拖拖沓沓的鞋跟发出响亮的声音，敲在凌晨街道的胸膛。

　　小城还没有醒过来。月亮挂在头顶，浅浅的一弯，银白色的光流淌在釜溪河的裸背上。沿着河边又走了一会儿，等我们停下来歇息的时候，已经是在一座小山的山脊上了。

　　自贡是典型的丘陵地形，而我家所在的桐梓坳是其中的一个凹地，我们每天其实就是不断重复从一个凹地走到一个山坡。那天早上，我们停下来休息的时候，我终于发现站在了整个自贡最高的地方，从那里看上去，离天空比其他任何地方都更近。

那一年我们大概十二岁，小城突然兴起了武术热，我姐姐是第一个被送去小公园参加培训班的人。她每天早上六点就去，回来的时候嘴上带着呵呵嘿嘿，皮肤的颜色暗了好几度，每一顿开始摁下三碗米饭。

我是被家里认定要走"文化路线"的那一个，我小叔叔天天绑着沙袋跳坑，我爸乘人不注意在小树林养气，而我从小因为缺钙，连走个路都会摔跤。却一不小心把个头长成了孩子中的第一，常年不是感冒就是发烧。爸妈经常自作主张替我去跟体育老师请假。我们班上就连那些个头小于我的孩子都会伸手推我一把拧我一下，他们大概特别享受看我坐在地上吱哇乱叫的样子。

阿珂大概就是这个时候出来拯救我的吧。

有一天放学，她神秘兮兮地问我："想不想跟我去学武？"我忙不迭地点头，有人和我这个瓷娃娃说话，愿意带我玩，不要说练武，让我做什么都会愿意的。

于是，就有了那月光下的一幕。

我们有个师父，他其实就是东锅厂技校的学生，有十八岁那么大，据阿珂说"他是家传的形意拳，不世出的高手"。

于是，有一段时间我们每个周末都相约在一对山，不断在教练的指导下各种站桩。

教练有时候从这边走过去，然后又走回来。停留一下，他对我说"这个动作做得很标准"。也许他实在找不到其他可以表扬的地方吧。

阿珂说训练我的这个教练是最严厉的教练。每次上课总是被他给训哭，但我每次都咬牙坚持住了。我其实理解不了其他人（包括阿珂）为什么练得比我吃力。大部分人站桩最多半个小时就不得不放弃，可即使是站到半个小时就开始双腿发酸浑身发抖，我也一声不吭地吞进肚子里，我不会告诉别人我之所以能坚持是因为我本质上就是一个废物，在生活中从来得不到任何赞扬。

教练在旁边说阿珂。

"劲长的感觉就是穿透，劲留在对方身体的时间长。拳重、沉但不长，挨上一拳是挺痛的，但随着身体的离开，虽痛但已不觉得有劲在身上起作用了。可挨上劲长的一拳，身体在倒退中好像劲还作用在身上，瞬间发出抖绝崩炸之力。"

阿珂不停地点头、点头。

阿珂为什么要来练拳呢？某种程度上对我来说是个谜，不知道有多少男生排着队等着保护她。那些年的记忆太久远了，全部都模糊成了一对山上的周遭环境，我只记得我和阿珂两个一声不吭站在那里的影子，所有的愤怒都变成了如注的汗水，一直流啊，噼里啪啦打在地上，整个少女时期的孤独，釜溪河，被老师体罚的伤痕，被同学排挤的软弱，一对山，师傅，桐梓坳，黑暗中的拳风噼啪作响。

到阿珂很快转学，像谜一样消失之前，我已经熟悉了所有走上山顶的捷径了，但我从未通过师傅的考核，只是学会了站桩。于是便像生活中的大部分我并不擅长的事情一样，选择了放弃。

只是奇怪的是，自从开始偷偷站桩，我再也不像从前那样畏畏缩缩了，有人再想偷袭我，我只是默默地用眼神注视着对方。我的镇静反而阻挡了不少恶意，更重要的是，我开始看各种各样的书，仿佛没有时间去理会那些恶意，而潜伏着的危险也就不翼而飞了似的。

于是，我也就在这种不明所以的懵懂中长大了，远走高飞了，从自贡到重庆，再到北京。

所以当我多年以后在北京和阿珂阴差阳错地重逢时，我们根本就是新朋友相见啊。她改了名字，叫什么Angela，她学会了化妆，从每一个45度看过去，珠光眼线笔的那一道都像是晃动酒杯时候的流光，一不小心就晃到人心里去了。

后来很多次见到她都是在午夜之后，有人已经醉倒在长椅上，有的看上去清醒一点儿，占住话筒不放。人太多了，他们就像我在《动物世界》里面看到的鸟群，聚集在一起，就为了把时间一点点地打碎。只有阿珂，还坐在角落，被一群酒瓶子包围，眼眸里的光线始终闪烁，像是一尊容器，将黑夜里所有的暗物质和面前的液体，一滴不剩地收容进去。

"你到底怎么了？……"我迟迟疑疑地问。

她一句话也没有说，伸手从背包里摸出个酒瓶子，看样子还剩下小半瓶，拧开了瓶盖，喝了一口，就把酒瓶递给了我。

"说吧，你到底怎么了？"我喝了一口，又把酒递回给她，"你在担心什么，阿珂？"我烦透了那个英文名字，"你当年怎么突然消失了？你向师父表白以后到底怎么了？"

"他们那个时候总骗我，说什么等你长大了，一切就会不一样了。"酒瓶已经回到了她的手上，她一仰脖，又是一大口咕咚下去了。

"等你长大了，"她接着说，"就可以……做一些随心所欲的大事情了……"

"什么是大事情？"我问她。

酒瓶已经空了，她又摸摸口袋，从里面摸出一支烟，把它点燃。

"有个故事，我没有跟人讲过，"她说，"我二十岁那一年吧，什么都想试试，喜欢冒险，有一次我和一哥们儿喝多了，回家的路上还意犹未尽，他一个劲儿地撺掇我去爬一棵路边的树，应该是棵我们视线范围内最高的树，在我最偷鸡摸狗的年龄我都没有爬过那么高的树。经不住一再鼓动，我先抓住树干，轻松愉快地爬了三分之一，他还在下面鼓掌尖叫，可是当我爬到三分之二的时候，我意识到自己再也爬不动了，而且当我往树底下看过去，突然发现自己离地特别地远，周围什么都没有，就好像我在一个空荡荡什么都没有的地方，关键那个家伙喝多了，直接抱着树干就睡着了。我在那里上也上不去，下也下不来，整个后背都在出汗，腿脚软得像柿子……回忆起来，那简直是这辈子最可怕的一次……"

"后来呢？"我忍不住问。

"后来当然还是想法子下来了，不然我怎么站在你面前，"她说，"关键在于，谁都会有失手的时候啊。"

我们坐在灯火辉煌的三里屯，风有点大，完全不像南方那种习习的温柔。北京这种大平原，没有自贡那种连绵的小山坡，密密麻麻的高楼却比丘陵还要压抑，灯光照耀不到的地方，总有什么在诱惑着人伸出拳头，去破坏些什么。

但我再也没有见过阿珂出拳，哪怕十二岁的时候，她为了我，一拳过去把班上的特长生打出了鼻血；哪怕在她突然转学、不辞而别以后，师父一遍遍提起她的天赋；哪怕她曾经向我提过，师父拒绝她的表白以后她在一对山上留下了无数的血手印；哪怕她无意中跟我提起过，这么多年独自在外，遇到过那么多的混蛋。

她现在的世界被酒精和男人密密地包裹着，被这座大城市浮华的美丽包裹着，走在街头，她是那种时髦杂志上追捧的纸片人、百练成精的 Angela，唯独不是当年练习形意拳的阿珂。

那个夏天，我们就像是喝了整整一个釜溪河那么多的酒，有天深夜我和她一起坐出租车回家，她斜躺在另一边的座位上，三环路上的光线一阵阵地打进来，酒后的晕眩让我一度误以为我们是在海滩上。

她说："我又入手了一把西瓜刀。"

"这是你多少把刀了，你买这么多凶器干吗？"

"我觉得丧尸围城迫在眉睫，必须要做好准备呢。"

说完这句话，她头一歪，沉沉地睡了过去。

我并不知道那是和阿珂最后一次喝酒。这之后有一次，在各种电话短信沟通失败之后，我几乎是绝望地给她发了条短信，出乎意料，她很快就给我回了电话，哽咽着说第二天就要离开这个国家，因为闪婚。我的怒火突然就消失了。我意识到阿珂，这个在我心目中完美无瑕的女战士，和我本质上都是一样的，从小城出发来到大城市，我们放下身段、努力学习，望着四处发光的灯火，我在想，也许我们需要用一生的时间才能想得起来，我们在老城的黑夜里曾经握起过的拳头。

"我觉得我们必须干点儿什么。"

"干什么呢？让我们准备武器对付丧尸吧！"

那天晚上我还没有来得及追问，阿珂就一阵风似的下了出租车，消失在了茫茫人海之中。凝视着她的背影，我突然想起有什么地方不一样：她不再穿着那种趾高气扬得像武器一样的高跟鞋了，取而代之的是一双粗糙的毫无设计概念的功夫鞋，就像是中间所有的记忆都断片了，她只是直接从练武的那些夜晚，从黑暗的一对山，走到了这座城市的边缘。

她走得太快了，就像一片刺溜的雪融化于雪地上。这个城市一下空缺了一小片雪，这一点微小的缺失，却使得整个城市都不完整了。

阿珂彻底从我生活中消失之后，她的许多气息从北京的大街小巷散发出来，偶尔我也会换上衣服，嘴里叼根烟，在北京的夜里把高跟鞋踩出高高低低的音符，但是我没有一个人去酒吧的习惯，我有时候步行到那条街上，坐在某棵大树下的石头上，假装自己就是这个城市的一员。

　　我知道自己再也不会去练拳了，但是师父的话，从小城一直追到了这里，他说过的：

　　"随着身体的离开，虽痛但已不觉得有劲在身上起作用了。可挨上劲长的一拳，身体在倒退中好像劲还作用在身上。"

老城旧事之死屋

直到父亲将那些老照片寄给我，我才又一次想起那间死屋。透过薄薄的纸片仿佛不断有东西浮上来并膨胀着，有段少年往事就如同吐出黑烟的船舶，至今尚未靠岸。

应该是在初一的某个下午：那天放学后同学们都走了，紫蓝色的光线斜斜地照进教室里面，很多粉尘在空中翻腾，像条混沌的银河。我留下来帮着布置教室后面的黑板报，过了半天我才意识到教室里除了我还有一个同学。

我们俩都太安静了，因而都没有注意到对方的存在，直到我听到一些轻微的啜泣声，当我走向他的时候我从他的表情上也看到自己的表情，大概十三岁的我们都有些手足无措的尴尬。

那个男同学太默默无闻了，因为成绩奇差所以坐在教室后面的位置（那时候是以成绩来排座位的）。倒也不是那种特别调皮捣蛋的人，他头特别大（所以他们叫他火柴），眼睛红红的，咧开嘴笑一下，两只眼睛会眯成镰刀一样的缝隙，十分讨喜，他长年戴着两只袖套，上面早就蹭出了一层油亮亮的光来。

或许是我的侠女情结战胜了我，我走上前去轻言细语地安慰了他。那天的很多细节，他的表情和回应，我全都不记得了，唯独记得从教室的窗口望出去，隔着学校的围墙，是间废弃的旧屋，绿油油黏糊糊的植物，爬满了它肮脏陈旧的外壳。在被阳光遗弃的地方，它像是和四周所有的一致性并不相符的痛苦悠长的叹息，从幽暗的深渊缓缓升起。

我们都靠在窗口，无意识地将目光安放在那间死屋，有一搭没一搭地说了些啥。

那个房子是在一个在文工团工作过的人死了以后成为死屋的，年久失修，四处结满了蜘蛛网，在潮湿的南方成了培养细菌的基地，我还曾经在废弃不用的厨房里面采到过几个白色的蘑菇，它们不畏寂寞地茁壮生长，最后成全了家里一顿丰盛的晚餐。

还有一次，我在一堆陈旧无用的废报纸里发现了一对鼓槌，我以为是擀面杖，交给了我爸，他把槌放在平地上滚一下，然后将鼓槌放在耳朵边弹一下听听声音，那副样子就像是电视里面鉴别银币一样。

之后过去了几个漫长的冬天，直到那年年末，我竟意外地看到有户人家搬了进去，那是一个男孩搀扶着一个很老的女人。老女人像一座肉山，脂肪多得好像随时都会滴出油来，她走路极慢，走几步还要停下来揩揩脸上的汗水，男孩就像是在搬动一座大山一样把她那庞大的身躯从甲地搬到乙地。

直到男孩转过身来，我才发现，竟然就是那个雨天和我聊天的火柴，他并没有注意到我。他的眼睛炯炯有神，表情专注。

工人文化宫前面的那一片，是整个桐梓坳最繁华的地方，尤其是在辉煌录像厅开起来之后，那里成了学生们趋之若鹜的地方。没有人知道，我原本有一个秘密。在死屋的厨房后面，有一处无人会去的死角，屋檐卜有块小小的突起，从那里爬上屋顶，便可以穿梭于整个大杂院的屋顶之上。在死屋那个位置视野最佳，那里可以清晰地看见录像厅前面转动的花里胡哨的标志以及写有"辉煌"两个字的小牌子。夜幕降临，那个小牌子投射出一点点霓虹灯的影子，我会无聊地把它看作是彩虹，我最喜欢黄昏的时候，辉煌录像厅那个进货的小伙计从外面匆匆走进去的样子，他的摩托车有时候会拖着一条长长的阴影。没有多久，录像厅里就能传出惊喜的叫声和隐隐约约的音乐声。

录像厅门前的海报上的名字不断地更换着"谭咏麟演唱会""张国荣演唱会""齐秦演唱会""麦当娜演唱会""迈克尔·

杰克逊演唱会"……那些花花绿绿的海报像一株藤蔓植物，慢慢地爬上了我的视线，向上生长。

中学一年级时，爸爸有天郑重其事地对我说"以后可不一样咯"，我以为他指的是睡眠这回事，因为从那天开始，我每天晚上都像睡在大海的表层，东倒西歪、随波逐流。我家就住在学校里面，我怀疑卧室的那面墙白天悄悄地吸收了所有的噪音和故事，到了夜晚再释放给我听……于是有的夜晚，当我终于做完了作业，我就一个人偷偷溜出门，爬上死屋的屋顶，在上面看那一闪一烁的霓虹灯，任凭白昼一层层褪掉它最后一丝温暖，逐渐露出冰冷不堪的内核。

那家录像厅开到很晚，是桐梓坳最后一盏熄灭的灯光，我总是等到它陷入黑暗之中才回家，钻到被窝里躺下，凭空想象自己坐在那里面，屏幕上面有散乱的光，我的眼珠子也变得五颜六色一般绚烂，想啊想，想到背上全是兴奋的鸡皮疙瘩，直到不敢再想下去，才打两三个呵欠，闭上眼睛准备入睡。

在桐梓坳这种保守的地方，学校有种种的明文规定，女生不能披头散发男生不能留指甲，你所有想不到的繁文缛节全都装订在册。有一次有个初三男生跟风穿那种裤腿特别宽大的裤子，一个绰号叫作"坐山雕"的老师竟然拿出一把剪刀当场就把那个学生的裤子剪开了。

所以在那年暑假过后的校园歌曲大奖赛上，火柴穿着条喇叭裤，留着齐肩长发在舞台上悠扬地唱着《火柴天堂》时，可以想象全校有多么轰动。

　　后知后觉的桐梓坳并不知道，那个时候齐秦已经在内地火成一片，虽然之后终于有人在录像厅看到了这个名字，但三千里以外的那个幻影都不及这个在眼前的舞台上复活的灵魂使人震撼。

　　我因为生病在家错过了那次的节目，听同学们眼睛里冒着火花地说起一个穿着喇叭裤、扭着屁股的形象，然后他们也模仿着一句又一句。

　　我心中暗生惊奇，火柴和他奶奶搬到这里以后，过着一种无声无息的生活，我并不清楚他有这样的天赋。但是此后，学校开始刮起一股喇叭裤长发之风，直到校长亲自下令，才及时把它扼杀在摇篮之中。

　　随后，就在那年的冬天，整整一个寒假，录像厅门口的那种国外的摇滚乐队披散长发、牛仔裤把长腿勒得特别紧实的海报，就像是桐梓坳中学的讣告，贴满小城的各处，据说有三四百份，犹如一场南方从未期望过的大雪，把死气沉沉的小城掩埋在里面。这令行为保守、谨小慎微的大人们大惊失色，在学校交头接耳的孩子们眼里却闪烁着一种说不出来的令人振奋的东西。

那之后，我破天荒地瞒着父母跟着同学走进录像厅，居然遇到了火柴——当然以他天天都去的频率，遇见他倒是稀松平常的事。他一副旁若无人的样子，见到我也只是下巴微微一低，就算是打过了招呼。然后，他就一整天都霸占着一排最中间的位置，像录像厅管理员多过于像观众。恐怕他去的次数实在太多了，那个小伙计全程都没有出现过，到中间换带的时候，火柴大大咧咧地走过去鼓捣一番，便又坐回原位。不知道为什么，并没有人和他并列一排，他叉开腿，在黑暗中点燃一根烟，青蛙一样结实的长腿随着节奏，一下一下。

那天晚上回去之后，我绕到死屋后面，动作更加轻缓，生怕惊动了搬到这里来的火柴家，仿佛有点不敢相信已经发生的事实，不敢相信自己曾经进去过那个闪动着霓虹灯的地方，我把这点记忆小心翼翼攒在脑海中某个秘密的抽屉，有个场景反复闪现：也不知道是马路上来来往往的大卡车的缘故，还是因为音响的效果，感觉冰凉的水泥地时不时就会震动一下，录像厅角落那个玻璃架子就像突然被赋予了生命似的微微战栗，音色其实不算太好，就好像大屏幕上的齐秦也是因为冻得厉害，在那里面哆哆嗦嗦地唱着：

每次点燃火柴，微微光芒

看到希望，看到梦想，看见天上的妈妈说话

她说，你要勇敢，你要坚强，不要害怕，不要慌张

让你从此不必再流浪……

　　录像厅的大部分人都在肆无忌惮地跟着哼唱，尤其是放到那首《火柴天堂》的时候，全场都在跟着齐秦大合唱。

　　那是我难得和人群融合在一起的时刻，已经越来越多的人发现我其实是一个有很多怪癖的人，不仅仅在于我几乎不和班上同学有任何交往，还有我惧怕所有的自然光，仿佛就像对紫外线过敏一样，晚上睡觉的时候需要把窗帘拉得严严实实，一点光都不透，白天也是如此。对我来说如果能遇上那种阴郁昏暗的雨天，就简直太完美了。

　　有一次同桌唰的一下拉开了窗帘，我难受得满头大汗，又唰的一下把窗帘拉上……同桌鄙视地看了我一下，我听见她的齿缝里蹦出一句话："那么怕光，你是吸血鬼啊！"全班正好安静下来，凸显出来她的声音，如同粉笔头划过黑板的刺耳声。

　　所有人都听见了这句话，他们大笑起来。有的笑得哧哧响，有的笑得咯咯响，有的笑得嘎嘎响，还有的笑得从课桌上滑到了地下，他们都在反复地咒语一般地念叨着那三个字"吸血鬼"……

我呆在了原地，一个字都说不出来，看见吸引到大家的目光，同桌更是得意地乘胜追击："我去过你们院，和你们院的几个人很熟，他们也说你从来不出门，不和人打交道……"

　　"啊啊啊，吸血鬼，啊啊啊……"班上有几个调皮的男同学围在我们课桌旁边，故意用那种唱歌一般的音调重复着这句话。

　　我的脸开始烫得难受，"没这事儿！"我大声地反驳道。

　　"看你的皮肤，哪有人白成这样的，你就是个吸血鬼！"

　　"吸血鬼呀吸血鬼，我们班出了个吸血鬼，不吃饭来不喝水，只有吸血最美妙。"人群还没有放过我，甚至开始接着同桌的话编起歌来……

　　那天深夜我又爬上了死屋的屋顶，那是个周末，录像厅关门特别晚，桐梓坳的人早就入睡了，四处一片黑暗，只有那里还隐隐约约亮着，一直亮到黎明。我能隐约地听见手指反复扫过吉他琴弦的声音，杂乱的、狂噪的，大概是火柴早起在练琴，不知道为什么，我仿佛才觉得心安，就一路蹑手蹑脚地回家睡觉去了。

　　学校的人开始没完没了地听齐秦，可是不管怎么模仿，都没有人像火柴那样。而正当大家想努力赶上他的时候，他却又开始迷上那些国外的摇滚乐队。多少个夜晚，当我像猫一样潜伏在他家楼顶的时候，那里都能传来轰鸣的吉他声和暴雨一般的鼓点，还有隐隐约约的嘶喊。

而到了黄昏的时候，整个桐梓坳都把耳朵安静了下来，默默地听着从他家传出来的那些音乐，仿佛在用这种方式终于接纳了火柴一家的到来。

我曾经有过机会得以参观火柴的房间，因为光线晦暗，眼睛需要停顿很多秒才能适应，眼睛的余光能明显地感觉到火柴对赞美的期待，然后你很快会被即将亲见的景象震惊。

火柴的那个小房间里面，满满的四面墙都是摇滚乐队的画片，这个并不是最奇特的，他找人做了个玻璃架，上面密密麻麻摆的全是磁带，各种各样应有尽有，它们码得整整齐齐，五颜六色像花瓣一样。

他宝贝似的拿出其中的一盘，塞进了卡式录音机，录音机的音色不算太好，不知道是卡带还是什么。刚开始是缓慢有序的鼓点和贝斯声，主唱慵懒的声音响起，那种腔调是在讲述一件事情，但是却又与己无关，爱谁谁。

突然吉他轰鸣，暴雨一般急促的鼓点，就像是垂死之前的长啸，但是这一声只属于你自己，属丁你自己一个人孤独地站在屋顶上，四周一片黑暗，而你能看见隐约的光线。

"In a beautiful world，在这个华丽的世界／I wish I was special，我多希望自己真是与众不同的／You're so fuckin' special，你却

那么该死地特别 / But I'm a creep, I'm a weirdo. 但我只是一个懦夫，只是一个怪人。"中间听到那句"You're just like an angel，你就像天使 / your skin makes me cry，你的美丽令我窒息 /You float like a feather，你如羽毛般飘落而下"时，我忍不住感叹说："这个羽毛的比喻真美。"

火柴先是不可思议地瞪大了眼睛，脸上很快呈现出一种难以名状的兴奋，他又伸手到架子的最里头摸出几张碟，一边说："刚才这首 *Creep* 对 Radiohead 歌迷来说是一道神谕，多年来它耀眼的光环从来未曾暗淡。它每一个音符所爆发出的情感与力量早已在我们的灵魂中深深地烙上一道美丽的伤口。"

然后又不好意思地挠挠头，笑着补充："《音像世界》上面的乐评家说的。"他说："还加八个字——压抑沉闷，狂躁迸发。"

可是他又开始莫名地沮丧："可惜，我们这里竟然没有一个人听摇滚，懂摇滚。"

那天，他仿佛找到知音似的，一个劲地说啊说。我从未见他说过那么多话，就好像他在沿着一条语言的河流左突右冲，飞泻而行，追逐着一条越赶越远的天际线。

关于摇滚乐，关于 Radiohead，他说得实在太多了，我根本记不住，就记得他打的一个比喻，他说每次听 Maximilian Hecker，都感觉他的歌声夹带着海风的味道，从遥远的地方吹过来。

"你见过大海？"记得我羡慕地问他。

"没有，是我想象的，那是一种感觉，我觉得海应该是无比开阔的，站在海边，听到海上的声音，什么烦恼都会无影无踪。"就在这个时候，大院后面的马路上经过一辆卡车，因为震动，那个玻璃架子就像录像厅的那个玻璃架子一样产生了相互呼应的共鸣，被赋予了生命似的微微战栗。

很快，区里有一个歌唱大赛，选送各个学校的优秀歌手去参赛，通知下来的时候桐梓坳都轰动了，三狗子妈妈说，我们桐梓坳也要出歌星了，四眼强的爸爸也在旁边附和着，俨然火柴已经成了明星。火柴也嘿嘿地乐着，这个大人一般高的家伙头一次红了脖子，虽然一句话也没有说，但他却真的开始夜以继日地练习，有时候躲到洗澡堂，有时候去后山……火柴奶奶有一天担忧地说：这孩子不要练歌练傻了……

有天我经过火柴家门口，他家的大门敞开，他正在一遍遍地跟着磁带里面反复唱着 Creep 副歌部分。他突然发现了我，停了下来，问我说："好听吗？""好听死了！"我猛点头。

"如果这首歌能拿奖，那就有机会去市里，市里能拿奖，那就能去省里，走得越远也许就能离海越近……"他停了下来，独自畅想了一阵，又把手放在了吉他上面。

那一年，奶奶大概很老了，对于许多细节的问题，火柴每天都找大院里的大人们商量，问他们的意见，也不介意试唱一两段，让他们说出自己的感受。他早早去街上做了一身衣服，虽然新衣服太硬，显得特别做作，但他反复掖着衣角，像是生平第一次穿新衣服的孩子。

　　一切都进行得很顺利，有一天火柴甚至把自己的小猪存钱罐打碎，打算用里面的钱去买上一些门票，送给桐梓坳那些从来不愿意掏钱看演出的邻居。

　　比赛是在一个星期二，就在文化宫里面的小剧场。那天我放了学，早早地就去占位，当我到了以后，还以为自己搞错了时间，小剧场里一个人都没有，服务员都懒懒散散的，有一两个参赛选手，脸上抹得红红的，看不出年龄的还以为是跳坝坝舞的大妈。

　　还好半个小时过去了，人群陆陆续续地涌进来，我并没有看到火柴的影子，心想他也许在候场。很快的，剧场的灯暗了下来，第一个出场的选手大概太紧张了，我坐得那么远，都能看到他的汗水，整个人快融化了似的。紧接着一个又一个节目都显得那么平庸，有些观众都开始忍不住退场了，我却平白地高兴起来：这说明火柴的希望越来越大。

　　于是我忍着昏昏欲睡，静静地坐着，直到报幕员宣布："本次歌唱比赛全部结束，下面等待评委的最后评分。"而人们已经迫不及待起身离去，我还呆呆地坐在座位上，没有反应过来。

当天晚上碰到他的时候，我问他怎么了，火柴只是耸耸肩，一个字都没有说就转身离去。后来我才听说，火柴的班主任"坐山雕"也不知道是故意还是不小心，居然通知了火柴另外一个时间。

这个天大的遗漏好像对火柴一点影响都没有，我们也觉得凭他的天赋还可以再等等。他还是一如既往地照顾奶奶、上学，只是变得安静了许多，他们说在录像厅再也碰不见他了。快要期末考试了，他也应该收收心了，大人们说。

那个时候我生长的环境实在是太单纯单一了。那年我才十四岁，身高长到了一米六三。有一天放学的时候有一个校篮球队的男孩拍拍我的肩膀，说有很多话想跟我聊聊，那天吃饭的时候当我在饭桌上的爸爸妈妈讲这个事情的时候，妈妈的第一个反应就是用厌恶的表情看着，说女孩子家家的为什么头发披得像个鬼！

说上面这段话是为了解释当我收到火柴的情书时，我的那种手足无措和羞耻感。

在我们那个年代情书已经不算是什么秘密了。好几个班上的女同学都收到过情书，它们基本上都有相似的状态，千纸鹤形状或是幸运结形状叠成的信低，在纸的反面写着某某某名字，或者是封进某些带着素雅的淡淡的花纹的信封。

那个传话的男同学特别叮嘱，这是火柴写给我的，我只觉得脑子里面就像无声的闪电在狂乱地抽搐，我的脸在发烫我的手在颤抖我的背脊在出汗。

然后，在越来越多聚集而来的同学不怀好意的嘘声中，那种令人窒息的空气拎着我的躯壳做了一件奇怪的事情，我甚至都没有把信拆开，就把那封信撕成碎片，扔向了窗外。

过段时间，大院里面的气氛变得奇怪了起来，总有人丢东西，一开始是对面那排房子，后来进展到我们这一排，桐梓坳夜不闭户的习俗从此被打破，大人们只好成立了一个夜晚巡逻队，每天晚上轮班值勤。因为牺牲了睡眠，爸爸颇多抱怨，他不觉得大院里面能有什么治安的问题，果然，他们守了整整一个月，一无所获。

"我觉得火柴挺可怜的。"有天晚上吃饭的时候，我听见爸爸和妈妈在外面的房间里面嘀嘀咕咕，说什么火柴的爸爸妈妈离婚之后都不愿意要他，把他丢给了奶奶，奶奶又得了老年痴呆，估计他爸妈联络了福利院的人，今天有人来过了，游说了奶奶半天，被火柴声嘶力竭地劝阻了……

——这个，大概是最近大院里面除了丢东西之外最震撼我的消息了，结果我一开口，他们就同时噤声，没多久四眼强的爸爸急匆匆地在外面喊了声爸爸的名字（这段时间他和爸爸一样都是"联防队"的成员），我见他满头大汗，像是走了很多路的样子。

"他妈的。"他和爸爸仓促地说完，回过身来，爸爸咕哝道，完全不顾妈妈对他说脏话的白眼。

他长叹了一口气："是火柴干的。"

那个黄昏，死屋莫名其妙地出现了"不得入内"的警示牌，我还是绕过去找到了地方攀爬上去，从那里，可以再看到那个转动的牌子。但是等啊等，那个窗口却没有传出来按时播放的音乐，我极富耐心地坐在原地，生平第一次捕捉到光线真的像羽毛一样会一点点下坠，直到它们在黑暗里片片飞走。

终于，一阵没有伴奏的歌声响起来，深沉而神秘，被瓦片所覆盖，被树叶所遮蔽，因为没有音响，恰好能让我听到而又不足以传遍大院。那是火柴，他在唱着那首 *Creep*，他在唱那个最不容易唱好的小节："You're so fuckin' special，你却那么该死的特别 ╱ But I'm a creep, I'm a weirdo. 但我只是一个懦夫，只是一个怪人。"

第二天，火柴的家里突然就搬空了，我是放学回家才发现的，因为是白天搬走的，没有人目睹。那里又变成了一间废弃的死屋。即使偶尔那扇门敞开着，发出"来吧"的信号，也像一片神秘的沼泽，让人望而生畏。大院的小孩们常常尖叫着跑过那里，才敢大口地喘息，就好像如果不屏住呼吸，都会传染上那种阴森之气。

辉煌录像厅生意越做越大了，我却再也没有爬过那个屋顶，我上学、读书，微笑着面对每一个同学，从此努力地把自己变成和所有人一样的人。

白眉大侠

　　我妈说，我绝不会记得老城多年前的那一次地震。

　　那时候我年龄太小，整个城市都搭建着各式各样的帐篷，大人们管这叫地震棚，它们像雨后的蘑菇，五颜六色，横七竖八。妈妈不会知道，其实我一切都记得，让我念念不忘的不只是晚上大院中央点的篝火，还有白眉大侠和马达。

　　白眉大侠是一个失去了两只手臂的人。他生下来以后，有一天他的父亲出门忘了把门锁死，回来的时候婴儿躺在血泊里面，两只手臂都没了。他的父母猜想是某个仇家干的，但当时他们已经隐退多年，早已厌倦江湖上的那些腥风血雨，再加上他们曾经造过的孽，金盆洗手之前的那桩大案，他们竟然把这奇耻大辱给忍了。

那个时候《神雕侠侣》《天龙八部》已经重播了第一百遍。我们每天在大树底下用六脉神剑和一阳指切磋。

马达是唯一一个家里掏钱让他去公园学习武术的。早上起来得早一些，就能看见马达在院子的大树底下扎着马步，坚持不懈地练习吞气、吐气。

有一天我们突然发现院子的大树上挂了一个结结实实的沙袋，看上去足足有二三十斤的样子。此后每天凌晨和傍晚，院子里都会传来嚯嚯哈哈击打的声音。

我读书读得早，再加上总是有个羞怯懦弱瘦小的家伙住在我身体里面，进入中学的第一个周末下午，看着陌生的教室里，一个个健壮得像蒙古人一样的男孩、花哨高傲的女孩在面前晃来晃去，我不由自主地伏在课桌上开始轻声哭泣。

压根就没有人理我。

大家忙着相邀去打球或回家，在我身边来来去去。坐在教室最后一排的那个我，卑微而渺小，就像是鸟群们飞过天空，散落下来的一根羽毛。

马达不知道什么时候走了过来，他比我高许多个年级，在我眼中和大人没什么区别。虽然个头不高，但是肌肉把衣服绷得紧紧的，也有可能是发育得太快，靠近脖子的第二颗扣子像是种随时都会弹出去的暗器。他一路走过来，沿途几乎所有的人都在和他点头微笑。

后来我才知道，马达是"体育特长生"，他们说起这个词的时候语带轻蔑，因为那意味着马达的成绩不怎么样，据他妈妈说，老师不止一次说马达如何聪明，但就是心思完全没有用在功课上。那又有什么要紧呢，成绩优秀的四眼强在我们大院并不受欢迎，我们几乎把他隔绝在了我们的娱乐活动之外。

马达没有说话，只是在我身边站了十分钟左右，然后突然递给我一样东西，那是一根烟。在学校里，一般只有那些操（混）社会的孩子才会偷偷摸摸地在厕所里抽烟，我顾不上哭了，怀着莫大的好奇吸了一口，眼前的课桌顿时竖立了起来，世界倾斜而魔幻，我后来才意识到自己咯咯的傻笑声。

然后马达又塞过来一样东西，竟然是一本手抄的《神形拳秘籍》，我一下子兴奋起来，他冲我眨眨眼："这位女侠，我看你骨骼清奇，这本秘籍就拜托给你了。"

沉甸甸的《神形拳秘籍》揣在怀里，突然变成了打破这所学校隔膜的通行证，马达竟然还在里面注明了许多心得。

我偶尔会把它拿出来在课桌上比比画画，再或者晚上拿着手电筒照着那些歪七扭八的字，我渐渐地意识到，最难熬的新生磨合时光竟然就这样一晃而过了。

有段时间，我们大院有人热血沸腾地提议组织个帮派，就在我们还在苦苦思索是叫"十三刀"还是"飞鹰帮"的时候，马达很不屑地说："江湖儿女，一统天下，还分什么你帮我派的？！"他的话醍醐灌顶。

小孩子们都为白眉大侠一出生就遭受的不公平待遇而愤愤不平。马达讲的"冤冤相报何时了"之类的话简直是这个故事的糟粕——那个时候我们脑子里面全是快意恩仇，谁对谁满门抄斩，长大了一定要去报仇的故事。

可是白眉大侠在长到十八岁以前从来也没有人为他灌输过这样的观点，他的父母甚至残忍到连武功都不教他。但这并不能阻挡白眉大侠遇到奇遇。就和大多数的武侠小说里面提过的那样（恰恰这个是我们永不厌倦的主题）——从小就被欺负的他有一天为了逃避其他人的追逐，不小心掉进了一个奇怪的地方，那里伸手不见五指，四处摸上去都是黏黏糊糊像口水一样的东西（当时他并不知道其实他是掉进了一头特别巨大的野兽肚子里），那头野兽有多大呢？因为它参透天地，会收缩之法，大可一公里之远，小则一百公斤之重。机缘巧合，他掉进去的时候恰好是怪兽的修炼期，他不但没有死，还无意中吞食了野兽通过天地灵气，修炼了万年的抹香丸，打通了任督二脉。

他在野兽肚里七七四十九天，历经混沌和修炼，月圆之日在一个避世的山谷被吐出来，在那个地方他又模仿野狼、猎豹各种捕猎的动作，从前因为没有手臂的缺陷竟然变成了练功夫最不受干扰的优点，最后他竟然自成一家，练成了天下无敌的无臂混沌大法。

那段时间我们白天看马达练功，晚上听白眉大侠的传奇故事，无边的夜里，似乎总是会潜伏着什么危险，篝火的火星子溅到裤子上都没有察觉，偶尔抬起头，星星微弱的光芒，像是落进了马达的眼睛里面。

我们为白眉大侠的命运如痴如醉，并且觉得我们就有可能是他流散四处的后裔（马达告诉我们白眉大侠祖籍四川西南），马达还说过一句高深莫测的话：不管江湖有多大，气味相投的人最后总是能够在一起。

他说完这句话的第二天，我们举办了一个滴血的仪式，不求同年同月同日生，但求同年同月同日死。小胖拿来的那根针跟绣花针一样细小，我扎了好几下痛得要命都没挤出血。此后整整半个月，虽然洗手的时候手上乱七八糟的针眼总会隐隐作痛，但是一看到大人们无动于衷地去上班、回家、看电视、吃饭，我的内心都会有些不可言说的喜悦，他们哪里会知道，眼皮底下隐藏的，是即将威震江湖的一群奇才。

因此马达要离开的消息简直就像个晴天霹雳。深圳对于桐梓坳来说实在是太过遥远，没有人知道那个地方意味着什么，什么改革开放，什么沿海城市，我们简直闻所未闻，也不感兴趣。

马达是第一个走出去打工的人。继他之后不久，我们那里掀起了一拨打工热潮。

像我们预料的那样，做大事的人不会拘泥于琐碎的细节，马达连封信都没有给他家写过。

白眉大侠一开始并不知道自己的武功那么厉害。他刚刚走出山谷的时候，遇到的人还是像从前那样对待他、侮辱他，他也像小时候那样默默地忍受了。

直到有一天他无意中遇到了一伙山贼，他们不仅取笑白眉大侠的残疾，甚至还叫嚣要把白眉大侠带回去给他们打杂，说要把他当作一条好玩的狗一样养着。白眉大侠忍无可忍，终于出手。第一次体内爆发的力量连他自己都不曾想到过，他只是将脚微微上扬，三秒过后，整个群山寂静下来，山贼的尸体躺得横七竖八。

白眉大侠的身后还藏着两个效忠他的朋友，一个是叫作萨风的狼王（白眉大侠也是通过一天一夜的搏斗征服它的），只要白眉大侠的一声口哨，它就会出现，全世界都有它的狼崽子随时待命；还有一个是天涯海角都要跟着白眉大侠的女神医，也有人说他是白眉大侠的红颜知己，因为钦佩白眉大侠的为人，愿意终身为仆、生死相随。没有人见过她的样子，传说她比白眉大侠还要神秘，会提前帮白眉大侠打点一切，例如付好客栈的住宿费，找好赶路的马匹，等等，甚至还会制作一种药丸给白眉大侠服用，一粒就足以使人七七四十九天都没有饥饿的感觉。

白眉大侠回去寻找他的父母，没想到当时号称武林第一高手的西门东城对白眉大侠颇为不服，他千里迢迢找到白眉大侠决一死战。西门长得风度翩翩，迷倒过无数少女，而且精通所有武林门派的各种招数。他不但能够第一时间识破对方的招数，还能立即想到克制对方的招数。其实西门是个阴险狡诈的卑鄙小人，他有一招特别阴险的绝招，就是藏在他袖子当中的暗器漫天花雨——那才是他真正的致命武器。多年以来，有许多高手栽在他的诡计之下。

西门东城完全找不到白眉大侠的弱点，两个人大战了三天三夜，天地晦暗、日月变色，直到白眉大侠用出一招惊天地泣鬼神的大招，眼看西门东城就要败下阵来，他立马跪下认输，当白眉大侠出于武林道义把他扶起来的时候，他却乘机甩出了袖子里的漫天花雨。

谁都不知道白眉大侠是怎样躲过这一招的，后来武林中的人只知道西门东城和白眉大侠交手过后变成了一个麻子脸的丑八怪（我们当中立即有聪明的孩子猜到了是怎么回事），并且心服口服地退出了武林。

据说到深圳坐火车要两天两夜。

马达是悄悄出发的，走之前那一天，我在他家门口碰见他，就掏出《神形拳秘籍》还给他。书已经被我翻得破得不行了，边上全卷了起来。

“你留着作个纪念吧，”马达推还给我，“几年前我就全部都能背下来了。”他胸有成竹地说。

他家的大门正对着一个小小的防空洞，防空洞前面有一棵巨大的芭蕉树，芭蕉叶投下一片巨大的阴影在马达的脸上，我们就站在那里说了会儿话。

“说来听听，”马达突然问我，“你第一天转学来的时候——你靠在窗口哭的那次。”

“我没哭。”我说。

“好吧。那天你在那里沉思的时候，是不是很希望自己站在一座很高的山峰上面俯视世界，你的剑上面已经溅上了九十八个仇家的鲜血，它们在阳光下面闪烁着梅花形状的光芒……"

"差不多是这样。"我说，"你是怎么知道的？"

他笑了笑，身后传出里屋他妈妈叫他的声音，他应了一声，接着便走了。

那天晚上他并没有说会不辞而别，我没能去送行。他走了之后，经过他家门口总会忍不住往里面看一眼。那个沙袋依然挂在院子的那棵大树下面，每天听不见那些嗷嗷哈哈的击打声，院子里面显得空落落的。

天空的光线越来越刺眼，叶子好像是嫁接到树木上似的，忽然就郁郁葱葱了。也有可能我们的脚步太过匆忙，武侠小说里面讲述时光流转喜欢用"春去秋来"，那个沙袋经过风吹雨打已经瘪了，马达还没有回来。

有天下午放了学，我正在和三狗子打乒乓球，脑袋突然被人拍了一下。就跟突然消失一样，马达又突然出现在了大院。他一身风尘仆仆的样子，好像从华山上刚刚修炼完毕，脸颊瘦得都凹下去了，穿着学生时代的衬衫，松松垮垮。

我们一如既往地和马达黏在一起，每天跟在他的屁股后面，商量武林大计，为江湖中可能隐藏的腥风血雨忧心忡忡。

马达说话变得更加简略，他不再为我们制定什么策略性的方针，偶尔还叹口气。有一天我竟然在他的钱包里发现了一张他和一个女孩的合影，与其说是合影还不如说是谁抓拍的。马达的整个身体像向日葵一样倾斜过去，但他们的目光各行其是。那个女孩戴着一顶奇怪的方方的帽子，似笑非笑的样子。他支吾了几句，我于是如释重负地想，那张照片多半是被谁硬塞到他钱包里的。

　　白眉大侠一战成名，结果却引来了更多的仇家，但是他还是继续走啊走，不管遇到怎样的艰难险阻，都不曾放弃寻找他的父母。一年之后，终于在某个小镇找到了他们，某天晚上撒风偷听了他们的对话，才告诉白眉大侠原来他的父母只是他的养父母，他们真正的身份是江湖上的顶级杀手，不仅杀害了他的亲生父母，还把他的两条手臂砍了下来。然后又出于仅有的一点怜悯养了他，但不能教他武功以绝后患——知道真相的那个夜晚，他的头发和眉毛一夜变白。

　　此后江湖上多了一个令人闻风丧胆的白眉大侠。传说他疾恶如仇，如果有谁做了伤天害理的事情——这里特指杀人事件——不管那个人有多远，不管藏在哪个角落，山谷也好大漠也罢，他都一定会找到这个坏人，把他的脑袋割下来挂在巴蜀国的城门上。

故事讲到这里，三狗子竟然哇的一声哭了起来。马达讲故事的规矩是，不能有任何场外的因素干扰他，他曾经因为这个取消了四眼强听故事的资格。他也说过，闯荡江湖的人，哪有那么多的儿女情长。但奇怪的是，那一天马达一句话也没有说，篝火噼噼啪啪响过一阵，冒出一个回光返照的大火花后，突然一下全熄灭了。

白眉大侠到底怎么样了？

他后来有没有继续铲奸除恶？

他遇到过更高的高手与他对决吗？

他的养父母又是如何对待他的？

他们之间有没有来个最终的了结？

这些都是盘旋在我们心里的问题，然而马达却消失了。

等马达再回来，已是一年以后。他还是没有预示的突然出现，可能因为旅途劳累，胡子拉碴的，头发又长又脏，看上去那么沧桑，我注意到他竟然还是穿着那件松松垮垮的衬衫。小孩子们又都雀跃着想上去追问白眉大侠的结局，可是那些讨厌的大人们马上呵斥说我们不懂事。看他们的样子，一个接一个的问题即将像弹弓上的石子一样射向马达。

但是所有的问题都没有离开弹弓——马达身后站着个姑娘。

　　那个姑娘大大咧咧地站在那里，有人打招呼，她也就斜着眼，从嗓子眼里挤出个似有似无的"嗯""啊""哦"，马达有些尴尬地解释说她是广东人，不太听得懂四川话。

　　我发现当她嘟起嘴，努力要做出一副发嗲的样子时，她的五官就像是疏远已久的亲戚突然聚拢在一起，说不出来的别扭。

　　第二天一大早，我就看见马达的妈妈忙前忙后地去买菜，马达也是整天赔着笑脸跟在姑娘身后，拿着打火机随时准备为她点烟，好像完全忘记了白眉大侠的命运还掌握在他的手上。

　　爸爸说马达过一天就要回深圳，我终于忍不住要去追问马达关于白眉大侠的结局，这个故事拖得实在太久了。可是我还没走到他家门前，大树底下就传来一阵激烈的吵架声。

　　那姑娘还是那种大大咧咧的站立姿势，她背对着我，吵架的声音好像变成了一种幻觉似的，马达勾着头，低声下气地说着什么，那种声音几不可闻，正好控制到我一个字都听不清楚。姑娘在摇头，说着，摇头，那个晚上月光还挺亮的，穿过树叶的空隙，照在马达脸上，竟然是亮亮的一片。

　　那多半是我心烦意乱的幻觉，我这样想，直到后来我都没有把那天晚上的事情告诉大院里的孩子们。广东姑娘转身进屋之后，马达看见了我，还是什么也没说，然后我们一起默默地朝着黑暗的街头走去。

"嗨——"走在身后的马达在黑暗里叫我。

"干吗？"

"你有没有过做一件大事的欲望，就是做一件很可怕的事，拯救或者破坏这个世界。"

"想过啊，当然想过。"

"那你为什么不干呢？"

"我可能天生胸无大志，或者像我妈说的，一无是处，就连干坏事都干不来。"

"你可千万别这么想，你会写故事，我看过呀，这本身就是一样大本事了，"马达说，"我老汉，我还记得那个时候我们家的平房漏水，可是每到漏水的时候他都会欢天喜地拿出工具，搭个梯子上去补房顶，所以每次我妈和我爸吵架，说他什么都不会的时候，他就会吼一句'我会修房顶'，那个时候全家都会大笑起来。"

他接着说："只是不知道他现在去哪个家里帮人补房顶去了，如果一年补一次，也该补了十来个了。"

我还是第一次听他这样提起家里的事情，他的嗓音里面有种我不太熟悉的东西。那之后，我们再没有说话，晚上十一点了，天空上的星星、四处的灯火都沦陷在无边的黑暗中，我少不更事的所有夜晚，都没有那天更为深沉。

　　那是那天晚上他对我说的最后一句话，此后他便钻进一条黑乎乎的小巷子回家去了。我没有想到那是我最后一次见他。两年后的一天晚上，他在深圳火车站与人发生争执，被人一刀捅进了肚子。但我知道这个消息，竟是十年之后。

　　现在想起来，那个时候自己恐怕过于年幼，好多细节都已淡忘，但一直都忘记不了那天晚上马达走之后的那场雨——我站在街口，天空飘来了一阵桐梓坳全年的第一场雨。

　　抬头看上去，天上居然出现了朦朦胧胧的月牙儿，像个离开了冰柜的冰淇淋，那些滴滴答答的雨就那样从上面融化而下，它们是如此的细腻而温柔，从我冰冷的鼻尖成群结队地往下跳，我伸出手去，以为可以捕捉到其中的一滴。

包法利夫人的土豆泥

矮平房敞开的窗户里飘散出风格迥异的香味，这种味道是家的味道，也是年的味道，那是在 20 世纪 80 年代的自贡，四川的西南小城。那时候我们是生活在这里的外地人，但是我天真地以为那就会是一辈子。

每年的年夜饭，和那些动辄就三四十人、一大家子大人小孩拥在一起放鞭炮礼花的家族相比，我家冷清的屋子简直就像是整个大院一颗缺失的门牙，没有光彩，无声无息，不值一提。

在那个城市，除了爸妈和我们姐妹俩，我家没有任何其他亲戚。小伙伴们私底下或是吵嘴的时候一概称呼我们为"外地人"。第一次听到这三个字的时候把我吓坏了，虽然它不像自贡话里的"哈板儿（傻瓜）""神经病"那样具有侮辱性，它的发音却分泌出一种使人无法抵抗的排异性的毒液——对于那个年代的人来说，"身份认同"是件多么重要的事情。

　　或许，潜意识当中为了获得这种所谓的"身份认同"，即使只有一家四口人，妈妈还是会为大年三十这一天、这一顿晚餐准备好至少十个菜，板栗烧鸡、回锅肉、家常鱼、川味香肠、腊肉炒年糕、冷吃兔、小炒兔、猪耳朵、豌豆尖煮粑粑肉汤、魔芋烧鸭、素炒白菜等和自贡人大同小异的家常菜肴。

　　只有一样菜，这个菜是那样与众不同，它的存在，像是一道分隔符，始终区别着我们和邻居，甚至这座小城的人。

　　那就是土豆泥。

　　对于我家来说，这是一道万能的菜。没有菜的时候、妈妈上班忙的时候、过节的时候、平时里的时候，它都是最能安抚我和姐姐胃口的东西。

　　偶尔，童年的残迹会涌进梦中，我还会看到，在那个狭窄的小厨房里，爸爸手足无措地对着喊饿的姐姐和我，一边安抚地微笑着，一边把那些圆溜溜的土豆放进锅的样子。把它们煮熟之后，剥去皮，锅里放上油，用锅铲把它们压得烂烂的呈泥糊状，再掺点水，略微煮一下，快煮好的时候放点盐、味精，再加点小葱，拿来佐饭，一口气可以吃两碗。

　　我们家的土豆泥在自贡应该算是个异数，从小到大去同学家蹭饭，基本都有着相同的内容：辣椒、辣椒油、香肠、兔子肉……但是土豆，顶多偶尔炒个青椒土豆丝也就罢了。因此我家的土豆泥再一次成为我们是"外地人"的说项。

爸妈是阴差阳错来到这座小城安家的。多年以来，妈妈的愿望都是回到重庆去，外婆走了之后这份念想才淡了许多。

几年难得一次的所谓家族聚会，也就是舅舅和两个姨妈从重庆过来（他们从未凑齐过），妈妈和他们总会聊起一些不成章节的片断、错综复杂的关系，仿佛我们有许多个外公，许多个舅舅和姨妈。至于外婆……是他们之间经久不息的话题。有时候我会央求妈妈让我坐在他们身边，但妈妈总堵在门口，把帘子放下，板着脸拒绝我的参与。但那薄薄的布根本不具有任何隔音功能，我躲在靠门的地方，悄悄蹲在地上，一个钟头，两个钟头……那种交谈，间或夹杂着啜泣声，然后是共鸣般的压抑的抽泣声，它们如同密密麻麻的小虫，在暗夜中没完没了又令人不安地蠕动着。

我长大后，去了重庆读书，慢慢地了解到错综复杂的家族史，知道我的外婆曾经是个绝代佳人，有过几任老公，从重庆当地的大家族公子到著名的大律师都曾经拜倒在她的石榴裙下。她曾经从九龙坡最穷困的纸板屋嫁入豪门，住进带花园的房子，从清晨的窗户里看佣人给院子里的花草浇水；她曾经冒着风险去参加共产党的会议，被全城通缉；她认识许多城中名人，也喜欢看书，对知识分子情有独钟……

但是，因为时代的关系，四十岁以后，依然年轻漂亮的她自此绾起长发，裹上没有性别的衣服，把自己藏匿在一副乡下老太太的皮囊之中。即使这样，也没有阻止她在"文革"的时候因为所谓的成分问题被打得头破血流。

我不敢想象外婆有没有被生活中的变故吓得目瞪口呆，抑或漠然地全盘接受？她在四十八岁那一年去世，那是"文革"结束的时候，而我从未见过她，从没享受过她温暖的臂弯。

有一年妈妈来北京看我，在我租住的公寓里做着晚饭。又是满满当当一桌子，自然有好几个肉菜。不知道怎么说起的，她突然叹息一声："可惜你外婆没有享受到什么晚福，最后那几年什么都没有吃到过。"

外婆她唯有这土豆泥，还是没有盐和味精的那种。

后来我长大了，到世界各地去出差、旅行，才发现土豆泥其实是欧美人士的常规主食之一。去美国的许多餐厅点菜，也会经常被问及："是要土豆泥还是薯条？"

我其实认认真真地问过妈妈，为什么外婆会传下来这样一道菜，她回答不出来，正如她回答不出来，外婆那么早去世，对她、对我的影响。

2011 年，因为各种各样的事情，我觉得终于到了探访外婆的故事并且把它写下来的时候。那段时间我频繁地回重庆，去朝天门、杨家坪、北碚，去潮湿的散发着淡淡腥味的长江边。

许多时候，我都会恍恍惚惚地觉得重庆和自贡没有什么不同，一样潮湿的空气，高低起伏的街道，只是在朝天门的夜景里，在响着汽笛的轮船推动下，那些像跳蚤一样的破旧房屋变成了高楼大厦；肆意生长的黄桷树下面，随着滚烫的开水冲进茶叶的瞬间，盖碗茶迸发出来的是一种悠然的生活味道；还有黄桷兰、栀子花的清香，伴随着叫卖的声音飘出去很远。当然它们很容易就被另一种铺天盖地的火锅的味道所淹没，我敏感的嗅觉能够分辨出厚实饱满的午餐肉、又滑又嫩的肉片、脆味又有韧劲的毛肚、软嫩细腻的豆皮、劲道透亮的苕粉……

我想要更多地了解外婆待过的这座城市，我穿梭在大街小巷，去拜访了几乎所有健在的家族的老人，尤其是外婆的至亲挚友。他们大多亲切热情地接待我，而重庆人最热情的待客方式就是，拿出一盘又一盘、一桌又一桌辣椒炒的菜。

不过我并没有看到土豆泥，我无从知道，外婆为什么会有一道这样的纯属西方式的菜，正如我不知道为什么，（亲友们讲述）在那个潮湿的翻涌着垃圾和死婴的江边，外婆会喜欢捧着一本《包法利夫人》反复地看。

福楼拜曾感慨地说："包法利夫人，就是我。"有人说包法利夫人代表的是不甘于命运的我们。她和你、和我一样，都觉得生活应该有奇迹，虽然命运的浪头一次次地把她抛起来，再推回去，而她还在奋力地游着。

九龙坡、大家族、外公、律师、"文革"、嘉陵江……我想，就算两江的水势汹涌，卷走所有的往事，我也未必能找到外婆的人生密码。在那些生活的大杂烩当中，总应该有那么一点点的与众不同，而她对生活的不甘也许尽在这盘土豆泥之中了。

Part 3

你在这个世界穿行，自由自在，
你可以选择看或者不看，起点和
终点无非就在那里。

有的时候你只有溯流而上，才能知道，你之所以成为今天的你，那都是因为那些过往的、流淌在你血液里的因子、让你不知道的很多东西所形成的。生而为人如此神秘，生而为人，却又如此的不可思议、难以捉摸。或许，这才是活着的意义。

暴雨将至

在我怀中　　中年
已不复结实
炙热如炭
或者骨节作响

不顾一切地伐砍杂芜
每前行一步
遗留一街道的空壳

年轻和年老
各自僵醒
且耽于开口

你是金蝉的冥思
本体和喻体的恍惚
可说不可说

一种命运　　等真相的收割
随时以目光的哀恸
吹干我脸上
最后的寒冬

火把天点着了

姜文有一次在和阿城的对谈中，说到《鬼子来了》里面的音乐，他不懂曲谱，但是听马斯卡尼的音乐"像一团火，把天给点着了"。

阿城说："人的脑子里有个很古老的部分叫作嗅叶，它最初只有两层细胞。第一层管接收气味，第二层管通知神经，指挥身体采取什么样的应对。后来嗅叶进化发展成情感中枢，因而情感中枢里也就有一个嗅脑部分。"

这场对话让我恍然大悟，在我脑海里何以会有些稀奇古怪的气味和各种奇怪的事物联系在一起——比如写诗的女孩有着雨水的清新；爱情有着木头的松香；小孩有牛奶的软滑；童年是老房子里长满了苔藓的味道。

不只视觉产生味道，听觉也可以。

"伯牙鼓琴,钟子期听之。方鼓琴而志在太山。钟子期曰:'善哉乎鼓琴,巍巍乎若太山。'少选之间,而志在流水。钟子期又曰:'善哉乎鼓琴,汤汤乎若流水。'钟子期死,伯牙破琴绝弦,终身不复鼓琴,以为世无足复为鼓琴者。"(《吕氏春秋·本味》)

伯牙鼓琴以声类形,钟子期赏琴以形类声,一种感觉与另一种感觉交错相通,修辞学称之为"通感"。

胡兰成回忆张爱玲的《民国女子》里有一段文字这样说:

"爱玲道:'羌好。羯很恶,面孔黑黑的。氐有股气味。鲜卑是黄胡须。羌字像只小山羊走路,头上两只角。'"

——张爱玲这样的作家一定是敏锐得如同晴天白日里的焰火,否则同样是"穿袍子",直男鲁迅感受到的是"皮袍下的小",张爱玲感受到的则是"那袭华丽的袍子上,虱子般的烦扰"。

诸觉敏锐某种意义上说是后天磨砺而成。人生经历是把美工刀,一点一点地把花开花落、生老病死、雨丝风片、悲欢离合,这些使人沉落的庞杂削掉,放大感官体验,唯有经过此种过滤提纯,人生本来的色泽才会显现出来。

张爱玲十七岁时向父亲提出想要出国留学,惹得父亲暴怒,于是跑去与母亲同住。在父亲看来,这是一种公然的背叛。

回家后,遭到继母的责打,然后继母又反诬张爱玲打她,父亲发疯似的毒打张爱玲。

"我觉得我的头偏到这一边，又偏到那一边，无数次，耳朵也震聋了。我坐在地下，躺在地下了，他还揪住我的头发一阵踢。"

父亲把她关在一间空屋里好几个月，由巡警看管，得了严重的痢疾，父亲也不给她请医生，不给买药，一直病了半年，差点死掉。

她想，"死了就在园子里埋了"，也不会有人知道。

在禁闭中，她每天听着嗡嗡的日军飞机飞过，"希望有个炸弹掉在我们家，就同他们死在一起我也愿意"。

我对引述的这个片段深有感触，少女时候，我并不合群，因为身高因为学渣因为自卑。

有一次公布考试成绩，数学老师按照分数从高到低的次序发下试卷，以 100 分为满分计算，她拿出一把厚厚的尺子，每被扣掉一分就要伸出手挨一下尺子。

我是最后一个去领试卷的，大概那时候，站在那里浑身冒冷汗的我也有过类似张爱玲的想法——我不认识自己是谁，所有的场景都是虚幻的，那一刻我急切地盼望世界马上毁灭，仅仅只是要埋了我一个。

那天，我开始注意地上的蚂蚁，它们和我一样卑微行走，无声无息，赤裸于天地之间，偶尔被雨水淹没，倾家荡产，便复又麻木到循环来过——生命的价值在哪里呢？这只黑色的蚂蚁和那只黑色的蚂蚁有什么区别？它们路过的蔷薇和蔷薇是不是同一种香气？

1947 年，张爱玲搬出了与胡兰成发生过很多故事的爱丁顿公寓。尽管张爱玲已无多少钱养活自己，但她还是在给胡兰成的分手信中，寄去了两部电影的稿酬，并告诉他："我已经不喜欢你了……即或写信来，我亦是不看的了。"张爱玲就像她还自己母亲的钱一样，了断了和胡兰成的关系。

爱的时候，她可以低到尘埃里，闻到"别人不喜欢的味道"——雾的轻微的霉气，雨打湿的灰尘，葱蒜，廉价的香水（张爱玲《谈音乐》）。不爱的时候，便决绝如碧落黄泉。

彼时"仓促时代，更大的破坏即将到来"，张爱玲裂衣而去，所以她在《倾城之恋》中才有那样的表达：一座城市、一个国家乱了，只是为了成全一个人的恋爱故事。

这种记忆与嗅觉相关的片段，偶尔也能从杜拉斯那里读到，比如她写自己的初恋，那个中国情人和她幽会的地方"焦糖的味道一直传到屋里来，还有炒花生、广味的稀粥、烤肉、草药、茉莉花、尘土、烧香、木炭火等一类东西的味道。在这里，木炭火可以被装在篮子里运来运去，沿街叫卖。城市的味道也就是乡村的味道，森林的味道"。

——这味道，其实就是情欲的味道。

我不能想象一个人的情欲如何可以包容这么多纷杂繁复的细节，难怪杜拉斯直到肉体衰老，依然保持着对爱情孜孜不倦的需求。

在此处，强大的感官体验也等同于旺盛的荷尔蒙。1980 年，六十六岁的杜拉斯遇到了二十七岁的扬·安德烈亚，他们开始了一场轰轰烈烈的恋爱。

扬是杜拉斯的情人、秘书、知己、司机、护士和伴侣，这种关系一直持续了十六年，直到 1996 年 3 月 3 日杜拉斯去世。当年，他是因为杜拉斯的小说《塔尔奎尼亚的小马》而迷恋上她的。在这部小说里，一群在海边度夏的人都嚷着太热了，她们不要爱情，却又蠢蠢欲动。

这篇小说所传递的欲望与《情人》类似，其实杜拉斯在她的大部分小说里都表达同一种类似的气息：四周的空气干燥闷热，男人和女人的各种堕落（她曾说过，如果不是当作家，也许会是拥有五十个男人的妓女），腐烂与挣扎混合在勃勃生机之中，在明亮的阳光里，灿烂得像一场梦。

我很喜欢毛姆在《刀锋》当中的一句话："一个人不仅仅是他自身，也是他自己出生的乡土、学步的农场或城市公寓，儿时玩的游戏，私下听来的山海经，吃的饭食，上的学校，关心的运动，吟哦的诗章和信仰的上帝，这一切把他造成现在这样。"

提到味道，就躲不过聚斯金德的小说《香水》：

格雷诺耶一生下来就没有气味，并因此被乳母当成魔鬼的化身，以至不愿意继续喂养。他之所以近乎疯狂地谋杀了二十六个少女以获得最迷人的香水，其实是出于自卑。在他的世界里，气味就是一个人的身份，而他没有气味就等于不存在。

"气味"不只是身份的确凿证据，也是不可描述的隐喻。很多年以前还在读大学，特别凄惶。有一天初恋从北大西门骑着自行车来找我，我刚刚走过一段堆满垃圾的小巷，鼻腔里还残留着淡淡的腐臭味，远远地他看见了我，笑了，等我扑到他怀里，他顺势低下头亲吻我。

世界突然寂静，所有的背景声音隐去，空气不再低垂和冰冷，我突然闻到一股味道，那是他的一次呼吸——非要打比方的话，就如同火烧着的味道，那是一种把天地之间属于过去的一切都烧掉的绝望的味道。

我应该感激生活，无论工作里的挫败，感情中的失落，都如百味交织。有的味道至今依然深藏于嗅叶深处的某一处，只是彼时我并未意识到，此后的年月还将继续不断揭掉枯干的死皮和坚韧的硬壳，暮色渐起时，我仍将持续嗅到自己绝望的孤独。

一颗水蜜桃

　　最近的城镇距离桐梓坳有二十公里远，这里统共只有十来栋矮旧的楼房，灰不溜丢的外壳，被一片宽阔的柏树林包围得严严实实，柏树林的外围有一圈高得惊人的围墙，呈尖刺状的玻璃像藤蔓一样生长在墙头之上——其实根本没有这种安保的必要。一眼望过去，柏树林之外还是一片柏树林，用这里人的话来说就是，鸟都看不见几只。

　　鹧鸪还是有几只的，到了夜里，它们的声音的穿透力极强，能把人们的睡眠戳几个洞，于是带着弹弓的男孩子们在某个春天一劳永逸地解决了这个问题，从此便只剩下柏树叶随风轻轻摆动的声音了。即使如此，有的时候平躺在床上还是睡不着，在既没有暖气也没有空调的夜里，只能睁着眼睛，看桐梓坳的月亮从窗帘的缝隙透过来一点冰冷的光。

这些描述只是为了证明桐梓坳有多么的惨淡和无聊，我的童年就更不消说——学校、家都在这狭小的空间中，生活的全部内容似乎就是每天煮着白米饭的时候，从蒸饭锅热腾腾冒起来的水蒸气和开水咕嘟咕嘟发出的声音。

身处天府之国，有着各种各样的调料和美食，但是父亲忙着在学校带学生，母亲每晚拖着疲惫的身躯回到家里，那些大蒜、香葱、辣椒、花椒、五香、八角的香味，飞散在空中，浑然化为一体，竟然成为了生活之中可望而不可即的一种奢望。

于是，为了安抚被隔壁邻居家的美食弄得心猿意马的我，父亲会偶尔施与一点奢侈，两分钱或三分钱……去买一些小零食，但那些，也只是在欲望的海洋里激起一点泡泡罢了。

一个无聊之极的夏日午后，姐姐出门上课，我一个人徘徊于大街小巷。我一条一条街地逛（其实只有一条大街），逛过后街窄巷，或驻足于糖果店前，或在冷饮店前凝望着店里那种散发着冰冷气息的冷饮。最后我不知不觉越走越远，漫步到公园口的时候，驻足在一家水果店前。

我无法形容老城究竟小到什么程度，就我所知范围内，那是唯一的一家水果店。没有现在流行的射灯顶灯，却是一家最能让人感受到水果店固有美感的店。一排排的水果被排列在具有一定倾斜度的台架上、涂着黑漆的陈旧木板上，粉色的苹果、鲜亮的广柑被排列得美轮美奂……还有柜台后身堆积如山的青翠蔬菜，好像拥有了一种特别令人心安的感觉。

不知不觉，我竟然流连到了天色微暗，仅有的几家商店橱窗内的灯光都大量流泻至街上。虽然仍不至于使得黑压压的街道明亮起来，但是站在街角阴影里的我，感受到了天空洒下的微雨，马路闪着水鸟羽翼边缘一样若隐若现的白光，任何一个路过的人在此驻足片刻，便能享受到那些水果所代表的一小片明媚风光。

其实大多数时候，无所事事的我扫一眼心仪的商品，也就昏昏暗暗地走开了，但是那天，鬼使神差，我竟然多往水果店里看了一眼。

正因为四周黑压压的，店前装饰的几只灯泡，像一道闪电般集中照射下来，于是，那一篮子水蜜桃，就像是猛然被拧亮的电灯，刺射着我的眼睛，那种色泽，那种饱满的生命状态，我想，即便找遍整个世界，恐怕也无可寻求。

我一反常态地在这家店门口站了一个小时，直到担心我的母亲把我拖回家。

母亲问了我什么，我歪歪扭扭走了什么样的路，全都忘记了，或多或少就像那几年模糊的生活状态：父亲要赡养爷爷，每月寄钱给爷爷，还要省下他自己的口粮给贫困的学生；母亲的家里倒是没有什么负担，但她微薄的薪水就连应付特别能吃肉的姐姐和我都不够。

我不清楚母亲在想什么，她脾气历来不好。有一次邻居告诉我家里会停水，我如实转告，她回家的时候买了些面包替代正餐，可是当她发现没有停水的时候，就开始破口大骂我是个骗子——尽管年仅十岁的我听不懂那是什么意思。

我什么都顾不上了，满脑子装的都是那宛如从世间最纯粹的水彩中挤出又将其凝固的颜色，我伸进裤兜的手里紧紧握着那个偷来的水蜜桃，那种毛茸茸的欢喜和积压在心中的忐忑混杂在一起，然后我到底又走了些什么街道？为什么生平第一次并没有感受到拥有的幸福，而是一种浓到化不开的忧郁……

那颗得之不易的水蜜桃的触感，就像是一股邪恶的凉意渗入我的躯体，那是一种说不出来的奇怪感受，晚上回去之后我开始发起了高烧。

母亲拎了整整一篮子水蜜桃放到我的床头，"我问过了，这是成都的水蜜桃，是水果店的镇店之宝"。因为感冒发烧，我吃了太多令味觉迟钝的药，已然是食不知味，但那天从早到晚，我都抱着那篮水蜜桃，没松开过。

就算不吃的时候，我也会若干次地将桃拿到鼻尖嗅它的芳香，想象将它的饱满都深深吸进胸膛，然后感到仿佛有一股温暖的热血般的东西，从那完美的物体之中吸收过来，直至让我体内的元气复苏。

事实上无论是味觉还是嗅觉与视觉，我其后无论前往世界的任何角落，都没有见到过这样的宝物……

电话铃响的时候，我正躺在床上盯着天花板出神。冬天的日光，正好只在我面前的部分流淌，在这样的阴影里面，我就像是躺了整整一年。

2016 年，我看到自己像一摊水一样，在自己面前化掉了。

陪我在北京住了十年之后，母亲终于绝望地决定回四川。

她离开的前一年，我们之间的关系变得非常微妙：她每天早上起来的例行公事就是做饭，然后再用同样长的时间，来帮我回忆前三十年失败的人生。

而今，我是一个人煮饭吃，两个人一起吃的时候也不是没有过，不过最终发现，还是喜欢一个人吃。

不知该形容其为无聊，还是厌恶……从前曾令我陶醉的电影，或任何高雅的诗歌，或者激扬的音乐，我都已无法忍受。有时专程出门去和朋友吃饭，却往往在坐下来之后就情不自禁想起身告辞离去。

而此刻，电话那头是父亲的声音。

"你妈妈让你们中秋节回来一次，好吗？"他说。

我心不在焉地望向听筒，目光沿着电话线移动开去又绕回来。我本能地想给他一个类似工作很忙的答案。他说话的声音里隐约混杂着某种不祥的声响。"你妈妈有几次半夜心脏病发作。"他的声音突然变得很遥远，我扯了扯电话线。

"其实早有医生说过她有明显的焦虑症，那个恐怕也是让她一直以来血压这么高的缘故吧。"

"我真的不知道有没有时间。"我开口说道，发出的声音却显得那么陌生。

"对不起。"我听见自己说。

"你妈焦虑得厉害，希望你们回来，她说要提前交代些后事。"他突然这样说道。我依然不知道该如何作答。直到我上小学，母亲才第一次见到她的亲生父亲，外婆去世也特别早，和亲戚家疏远的我对"后事"这样的词语是没有什么概念的。对于一个完全不理解的词语，我又怎么可能产生任何回应呢？

"回来吧，不管她是不是杞人忧天，"父亲好像对我的冷漠充耳不闻，只顾着说下去，"她专门去附近的市集赶场，给你买了一筐你小时候喜欢吃的水蜜桃。"

"对不起。"我再一次说道，我周围的一切好像凝结了，化成了碎片，又归回原位。我看到了想象之中的那颗水蜜桃，我把它捧在手里，如同现实一般粗暴的外壳，把它轻轻剥去，那最不谙世事的柔嫩的果肉，便像纯真而敏感的肌肤展露开来。

　　我的眼睛不能离开它一下，哪怕坐在北京城此刻的我，离那个枯燥的桐梓坳、那个清贫的童年已经那么遥远了，却仿佛还能够眼睁睁看着那颗曾经散发着生命之光芒的水蜜桃散失在暗夜里。正如在那条狭小的街道上，母亲在偷偷付了水蜜桃的钱之后，被吞没在记忆里那细碎的脚步声。

厨神四斤

厨房里面嘈杂而又混乱——那就是过年的气氛。当四斤像摩西分开红海一样勇敢地穿行于这混乱之中时，我看见母亲，用大半生的时间投身于厨房事业的女人脸上竟然呈现出了淡淡的惊奇和理所当然的失落，那是一种掌门人找到了下一代掌门人的错综复杂的情绪。

四斤是我姐的名字，当然是我偷偷给取的外号，她是个早产儿，生下来的时候只有四斤。

在我成长的过程中，我从来没有叫过她一声姐姐。

小学三年级的时候，有一天班上来了个大男孩探头探脑的，再过了一会儿，他牵着个小女孩，走到我们班最调皮的男同学那里，把他的衣领拎起来，在外面一顿训斥，然后很拉风地走到我们班的讲台前，大声地宣告：我是一中初中部的某某某，这个是我的妹妹，她现在你们学校的一年级读书，如果以后有谁还敢欺负她，我一定会揍扁他。

从那个时候开始，和所有的小朋友一样，我就开始幻想自己能有个哥哥就好了。

姐姐的作用，基本体现在和我抢吃的上面。那个时候我俩都是一样的爱吃东西，也是一对小胖墩儿，就像是一对双胞胎，用我妈妈的话说：一样的懦弱，一样的没用。

我初中快毕业的时候，四斤高中毕业。父亲早早地就为我们制定了未来的计划：我理所当然是考大学，至于四斤，应该去读技校，因为她成绩太差，体育又够不上专业运动员的级别。于是她就去报考了技校，她在读技校的那几年，父亲简直是闹心坏了：她不仅仅是成绩很差，只要涉及实习手工操作的部分，她所有手指就像都粘在一起似的，做出来的零件一个也过不了关。

没有人知道四斤未来应该怎么办。爸妈愁得整天长吁短叹，可是四斤自己照样吃香的喝辣的还长胖了几斤，有一天我甚至看见我妈特别忧愁地抹着眼泪："这个娃娃，啥都不会，连菜都不会做，嫁人都嫁不脱！"

——是的，在四川，尤其在自贡，印象当中我们周围的那些妹子，似乎都是天生的巧手、父母的好帮手，至少目之所及，就像现在的90后人人都会用微信一样，她们人人都会做菜，个个的厨艺都顶呱呱——就好像那成了一项傍身的技能，一件耀眼的嫁妆，也是一种判断那个年代女孩品质的评分标准。

就在这个时候四斤看见了街上的一则招聘广告，还差一个月就毕业的时候，她跟着招聘广告去了很遥远的一座城市打工。

四斤走的那天我和妈妈去送行。因为第一次离开家去那么远的地方，据说坐大巴车还要三天三夜，四斤手上抱着好多的袋子，都是妈妈给她准备的各种美食。四五个饭盒里面盛得满满的全是四斤喜欢的菜：冷吃兔肉、火边子牛肉、麻辣鱼鳅——就好像要用她的厨艺把四斤剩下的人生都承包了似的。四斤迅速地走上大巴，她坐在靠车窗的位置，车站乱糟糟的都是送行的人，我也想冲着她挥个手道别，可是她稳稳地坐在那里，低着头像个巡检员一样在清点那些吃的，嘴巴嘟得像只小猪似的频率很快地咀嚼着——我突然想起，忘记告诉四斤以后没有人跟你抢吃的了。

然后我顺利地考上了大学，毕业后去了北京。我和四斤的路南辕北辙，我们离得越来越远，渐渐向着两个不同的方向疾驰而去。

在这期间四斤也会经常给我写信。她的信里充满了各种欢快的生活细节，比如说做服务员的时候客人居然给了小费，一会儿又是客人点的吃的原封不动留在那里，于是她很开心抱回宿舍自己一个人吃……如此种种不一而足。

但是我和四斤已经不再像小时候那样会彻夜长谈了。我有我的朋友她有她的朋友。而且我的世界是那么的铁板一块，好像和外面隔着一堵厚厚的水泥，更何况是四斤。我每天看的是《百年孤独》《了不起的盖茨比》《红与黑》，她喜欢的是《知音》《音像世界》《东方新地》……

我很难交到什么朋友，没有北京户口，大专学历不被承认，那应该是我人生当中最阴暗的几年……我经常都是夜深人静下班回家，从公司走到公车站需要步行十来分钟，有的时候，从巷子里的窗户里面会飘来炖排骨、羊肉汤的味道，就好像那种孤独的乡愁也跟随着这些味道一起从烟囱中袅袅升起。

四斤这个时候居然决定去北大读书、自考，需要脱产三年。她是把工作辞了才通知家里的。

那几年我开始暴饮暴食，也许是把所有不能实现的热望都交给了食物，长到了138斤，依旧每天抱着北京的面食啃个不停。来到北京以后，四斤有时候会发愁地看着我。许多个周末去她租住的地方吃饭，我才突然发现，四斤变成了一个神奇大厨。

四斤穿着围裙行走在厨房里面，穿梭在盐、油、醋、辣椒、花椒、味精之间，就好像跋涉在一条看不见的河流中，脸颊因为兴奋而微微发红，灵巧的锅铲上下翻飞，洗锅的水声抑扬顿挫，刀勺的起落错落有致，她的眼神虔诚，心神合一，就像是为了不辜负大地赐予的食材，与厨神肝胆相照。她在那条香味的河流上面划着一条灵巧的小船，并把它划到了美味的最高处。

速度很快，四斤就能从魔法厨房里端出来蒜苗回锅肉、麻辣小龙虾、炝炒土豆丝、豆豉鲮鱼莜麦菜、酸菜鱼，就连蛋炒饭这样简单的东西，经过她小小的改良，也能透出一股子"这辈子从来没有吃过那么好吃的"味道，很久以后，我都能回忆得出来，她从厨房里面走出来，那道像是闪过她额头的那种白色的光芒。

之后她学会了化妆，身上穿的是新买的裙子，她是那么时髦，简直和那些夜市街头被口哨追逐的女孩子没有什么区别。更有甚者，有一次我们去搭乘中巴车，司机见我们是外地人想宰我们，她便气贯长虹地和对方吵了一个小时，吵到我们下车为止。

有的时候想起来，总觉得那个厨房用一道薄薄的门把外面的世界隔绝开来，在厨房外面的是说不清道不明的魔幻世界，里面的才是平凡而又真实的人生。

有一年四斤也是找不到工作，大城市里面大专学历是没有任何竞争力的，我的一个朋友在一家特别大的 IT 公司工作，需要找前台，那家公司买下了整整一层楼，福利也好，可是人事经理在见完四斤之后，特别为难地告诉我的朋友，"她一头红发，恐怕不太合适"。

四斤拒绝把头发染回黑色，宁自由、不工作——所以，四斤的故事不是一个什么奋斗的励志故事。

她是不相信生命中的所谓奇迹，她从来不买彩票，经过繁华的市中心大街时也不怕招牌砸到头上，她对明天的到来既不抱有特别的热望也不会有忐忑的畏惧，她只是怀着一种朴素的、潜意识的、本质的被安排好的情怀，随波逐流地活着。

我很难把四斤的厨艺归于哪个门派，她既擅长四川菜里面的泡椒牛蛙，又能煲得一手香港靓汤，她能够准确无误地辨认出花椒的好坏，也知道蜂蜜泡萝卜这种能治好咳嗽的秘方。

我从来没有问过她那些年，在手指被车床上的零件磨得血肉模糊的时候，还有做服务员的那些年，她是怎么熬过来的，她想过些什么，望着异乡天色发青的夜晚，她是不是像我一样晕眩过？但是我从来都没有问出口过。

而四斤就是个那么朴素地活着的人啊，只是有一次，她不经意地提起过，在外面打工的时候，曾经被抢劫过三次，有一次为了不被人抢走她辛苦攒下来的钱，搏斗到颈子上全是勒痕。曾经她还被人暴打过，被偷过无数次，在租住的小屋吓得很多晚上都无法安睡。

而这一切，是不是就像她学着做菜的过程，那原本是一个神秘的、因为有着幸福家庭包裹而无须去触及的世界，但是我们像每个外省青年一样，需要去经历最初对灶火的恐惧，去尝试脸上被油溅上斑点，还要学着把纤细的十指插进带着污泥的青菜里面，去一一辨认这个世界的新鲜与腐烂。

现在四斤，也就是我的姐姐早就离开了北京，在另外一座城市结婚生子，过着安稳的生活，我也开始渐渐熟悉这座巨大的城市，知道新鲜的海鲜在哪里加工最好，在哪里可以购买水灵的蔬菜，哪里有地道的东北大米，哪里的馇面馒头需要排队。

有的时候，我也会看到那些初入这座城市的新鲜面孔，他们怯生生地走向菜市场，犹犹豫豫地伸出手指问价，或者在接电话的时候用家乡话抱怨着这座城市东西的难吃……我能够感觉到，我的脸上有着过来人的会心微笑。

我还是会常常梦见那个冬天的夜晚，巷尾的窗口亮着灯，姐姐在煮一锅东西，沸腾着、蒸馏着属于我们的青春。

除非卡夫卡降临

1. 小卡

十年前的北京还没有如今这样无聊。正式成为待业青年的那段时间，我整天和一个姑娘泡在工体北路。那时候，北京所有的繁华都浓缩在这条街道上。酒吧是漂浮在夜色海洋的灯塔，我们是它的看护者，看着夜晚吞下各种繁华，再消化不良地吐出各种怪物。

有天晚上我们正倚在一棵树上闲聊，就听见啪嚓一声，有个东倒西歪的女人突然像个沉重的麻袋砸在街道上。心急的同伴伸手去拉，缺乏耐心的出租车司机长按喇叭，喝醉的女人瘫在地上，撕裂的哭喊声点缀着汽车的噪音，一短一长。

小卡在我旁边放声大笑。

一个爱过小卡的男人形容，小卡的笑声能够荡起整面湖水。

那晚她的笑声像子弹一样扫向街道，准确地击中了若干无辜的行人，直到有个女人转过头来恶狠狠地看了小卡一眼，我才连忙把她拽进了酒吧。

"小卡，卡夫卡的卡，不是卡车的卡。"小卡永远这样自我介绍。不过很快我就发现这个姑娘根本就不爱读书，她只是单纯地觉得这个名字很好听，足以用来遮蔽本名张惠的所有普通性意义。

小卡对待这个世界的方法简单直接，在她的词典里面，人类只划分为男人和女人，对待前者她游刃有余，对待后者她客气有加，能躲就躲。能够成为她的朋友，我想纯粹就是个意外。

描述小卡，必须得记住她的脚步声，那是一种不带任何迟疑的脚步，干脆、不紧不慢，它的主人显然很擅长也长期喜欢穿高跟鞋，足以把它运用到正好在地板上敲出音乐一般悦耳的音响。

坐下来之后，小卡的第一个动作竟然是用手去扇不知道空气中的什么气味，当时我还没有联想到自己每天搭乘的交通工具，直到后来我们做了朋友之后，我才得以慢慢了解小卡对气味的敏感——小卡喜欢把人以"气味"来甄别，而那种微妙的标准完全掌握在她自己手里。

必须承认，在捕猎男人这一点上，小卡绝对是个天才。无论我们去往任何地方，不到五分钟，她就能像只优秀的猎犬一样将全场的男士都嗅一遍，然后准确地分析出他们各自的潜力和优缺点。

"你身后三点钟方向，靠窗，绝对的巧克力味……"小卡眉眼飞扬地告诉我。

有时候当我全力以赴对付碟中的一角提拉米苏时，小卡能在这短暂的时间之中完成循味、设伏、捕猎、征服等一系列的行动，整个过程干净利落，自然又洒脱，在旁边观察有时候极有意思——她和陌生男人之间那种微妙的眼神飘移，电影范儿地拨弄头发，有意无意却又恰到好处地展示自己最美丽的左侧45度角，微笑、蹙眉、叹息，甚至站起身来以对方所在地为背景的自拍……直至对方终于忍无可忍地上前咬住诱饵……

有的时候，看着小卡这一系列的动作，简直就像观看世界冠军在十米跳台上面完成的向后翻腾二周半转体三周半屈体的动作之后，像只海豚一样悄没声息地潜入水中，连个水花都没有。

我最早见识小卡的厉害是在 Max，小卡和一个新认识的男人劈酒，面前摆满了一排的啤酒瓶，小卡拽过来一个女伴加上那个男人的朋友，四个人玩色子，赌注是输家要亲赢家一下兼喝一瓶酒。我看着小卡在亲了对方五下之后，伏在吧台上昏睡不起。

出了酒吧把她扶上出租车以后，小卡突然睁开眼睛，手指敲敲我的额头："你这个笨蛋，我那是装的！"

2．大路

认识大路那天，是我一个月内的第十三次面试，那时北京满大街都跑着一种黄色的面包车，比出租车便宜，只是得碰运气——运气不好上面也许刚刚运完海鲜，浓烈的腐烂带鱼味冲过来，像个屁炸弹在你面前轰然炸开。

那辆臭不可闻的面包车把我运到了大路面前，很多年以后我觉得这个开头是一种隐喻，而所有那些铺垫就是为了让我死死记住看见他的那一刻。

在上千份简历当中，大路一眼就相中了我，面试当天，我们只聊了不到十分钟，当我还在艰难地搜肠刮肚寻找词语丰富自己履历的时候，他突然打断我："明天可以来上班吗？我让HR 马上给你办入职手续。"

面试结束后走出房间，隔着透明的玻璃门，我才仔细打量这个面试官——圆乎乎的脸，圆乎乎的手指头，圆乎乎的身材，也不是胖，但看着就是那种像尊弥勒佛一样亲切的圆形，恰到好处，即使不笑的时候，你也会觉得这个人对你毫无杀伤力。

我给小卡打了个电话，这个面试是她鼓励我来的，裙子也是她借给我的，甚至Chanel香水都是她的私人物品——我坚持认为，无论这份新工作还是结识大路，都是小卡传给我的福音。

大路似乎生来就是个乐天派，他一到公司来就会打开电脑音箱，反复地放着羽泉的《最美》，那种廉价的激昂音调会给沉闷的办公室带来一些欢快的气息，他有时候还跟着哼唱两句，伸出手拍拍桌面打节拍。

大路的办公室里人来人往，电话永远响个没完。晚饭不是在三里屯就是在工体，他十分乐意把压根儿不搭界的朋友集在一起，屁颠屁颠地买单。偶尔他也会叫上我和几个什么新华社的、央视的、金融公司的朋友吃个饭，那几个人在一顿饭的工夫就轻易地解决掉了国际争端、军事纠纷，以及遗留多年的领土问题等等，当他们心满意足地吞云吐雾的时候，大路会不失时机地把啤酒一次次添满，每次都能倒得泡沫高耸却一点都不洒出来，他说这叫"热情洋溢"。

小卡特别不以为然地说，我的话题之中，十个之中有十个都是办公室和我那个完美的上司"大路"。我告诉过小卡，我从来都不知道一个公司的领导可以不仅仅把下属当作员工，还可以是朋友。他是第一个鼓励我的人，无论我做什么，即使是一个小小的再寻常不过的企划案，他也会两眼放光，用喜悦的语调大声夸赞："太棒了，我就知道你行的！"

后来我才知道，他的这些夸赞和赏识并不只施与我，小卡有时候会用类似"政治手腕"这样陌生的词语来概括。她说在公司永远不要尝试和你的上司交朋友。可是对于一个刚刚在北京立足的女孩来说，这些细节如此温暖，难免意义重大。

一次加班太晚，错过了最后一班地铁。黑夜中的街道漫长而孤寂，出租车久候不来，我裹紧外套，不知不觉拨通了大路的电话。

电话那头的声音是略带着疏远而陌生的，甚至是公事公办的，嗯啊几声后他便迅速地说再见。

大路有老婆，某天我在公司电梯间遇到大路夫妻俩，他老婆看上去低眉顺眼，和办公室桌子上的照片一样笑容甜美。我停下脚步，和他们打招呼，然后开始聊起了工作上的事情，他也开始高谈阔论起来。

我没注意到他老婆独自先行离开，也没留意到他的手机响了四五次，直到他对着电话赔着笑脸说："好了好了，马上马上。"我才意识到，我们的寒暄或许确实有些过于漫长。

三个月之后，在大路的鼓励和介绍下，我换了公司和职位，薪水也大幅度提高。辞职那天，他站在电梯口，一直对我挥手。

电梯合上门的瞬间，在那道狭小的缝隙里，我还能看到他的手在挥动。

3. 还是大路

我搬到了新公司的宿舍，穿着紧身 A 字裙穿行在配备五部电梯的写字楼，偶尔也会跟在小卡屁股后面去某家新开的酒吧劈酒。更多的时候，在为忙不完的工作奔波忙碌。和大路约定的那顿告别饭变得遥遥无期，像两列交错而过的列车，我和他到底渐行渐远。

两年后，我又跳槽到了 家新单位。周围的人忙着赚钱，忙着谈恋爱，忙着结婚生子，忙着从相遇的舞台上淡入淡出。那天我买了本《城市画报》，随意翻开一页，上面有篇对香港十大杰出青年黄真真的采访，年纪轻轻的她刚刚获得纽约国际独立电影展最佳国际电影的大奖。黄真真说：我感到最最寂寞的时候，就是在我最快乐的时候，竟找不到一个人与我分享。

这些文字像电锤一样击中了我的胸口——或许应该给大路打个电话吧。我把手机掏出来，看了很久，却又觉得如果真打通了，应该和他说什么呢？过了一会儿，攥在手里的手机突然炸响。

是大路。

干吗呢，这么久不给我电话？你还欠我一顿告别饭呢。

那两年间，小卡什么饭局和聚会都拉着我，她在那里高谈阔论，我看她高谈阔论；她在那里眉飞色舞，我在那里看她眉飞色舞。有一次我去洗手间回来，听到她的朋友小声嘀咕着"陪衬"之类的话，结果我比人家还要尴尬。

在这座城市，我和大路平均一周通一次电话，和小卡平均一个月见上一面，很多时候我也会觉得庆幸，如果不是大路的电话和小卡的饭局，没有人可以证明我在这座城市里生活。我或许就会像股烟雾，不知道回到哪个瓶子里去了。

天气开始凉起来的一天，我去工体附近办事，刚走到某个街口，正好遇到了大路。他远远地就小跑着过来，满脸兴奋的样子，并且还做了一个从未有过的动作——双手抱住我，拍了拍我的后背，像个久别重逢的哥们儿。

"我们最近一次见面是什么时候了？"

大路一边问，一边给我满上一杯啤酒。他的手似乎有股神奇的力量，从头至尾都倒得气势十足，咕咚咕咚地响，但是一滴泡沫都不会溢出来。嗯，"热情洋溢"，我一直记得。

"两年前。"

我还盯着他的手臂，他不好意思地挠挠头："我知道，你们那个时候就取笑我是做过 bartender（调酒师）的，还别说，从这家公司刚出来的时候，我还真想开个酒吧，现在经济形势这么好，开个饭馆酒吧什么的应该都不错，反正我现在股票也赚了不少钱。"

大路又开始滔滔不绝，他尤其擅长掌握聊天的这种局面，话语像瓶里的酒，顺畅而又源源不断地流出来，直到把杯子填满泡沫。又跟从前一样，他说起了自己的赚钱大计、安身之本、男人的成就感……

那个晚上我们两喝了差不多有两打啤酒，酒瓶子在桌子上列着队，壮观而充满仪式感。到后来我感觉大路和酒瓶子一起晃晃悠悠飞了起来，我仿佛听见有个缥缈的声音，絮絮叨叨说起什么和老婆离婚了，和另一个女人谈了场婚外恋，最后还是没能修成正果……

我觉得自己应该说几句安慰他的话，即使他看起来完全没有悲伤的意思。可是我不知道怎么开口。我想，要是小卡在就好了。

这次重逢似乎使得我和大路的关系近了一步，我们开始零星地见面，频率和我见小卡差不多，每月一次。有时候大路会告诉我他又和这个女孩相亲了，又和那个女孩相亲了——大概是因为进入剩女的年代吧，他似乎在相亲市场还挺抢手。但是我觉得他的心思根本就没在那个上面，因为他有那么多的朋友要见，那么多的赚钱计划要实现。

大路毫无意外地越来越忙，我约过他四五次，无一例外都是在最后一刻才从电话那头传来一个喝大了的声音，真诚而充满歉意，背景永远都是沸反盈天的那种聚会。我倒也并不失望——这就是他的行事风格呀。

一天晚上我窝在家里看碟，电话响了，是大路。

"这么晚打电话，不会是有什么事吧？"

"看你说的，没事就不能打电话了？"电话里的声音忽高忽低，忽快忽慢，很明显他又喝大了。

"那你好好地跟你的朋友们喝酒吧，自己能不能回家啊？"

"朋友？他们他妈的早就自己回家了……都要陪媳妇。"

"呵呵，说得很不满似的，你不是自己选择不要的嘛！"

"是啦，我是挺享受现在这种单身的生活的。想什么时候喝酒就什么时候喝酒，自由自在，就是有时候半夜突然醒过来，发现自己一个人睡在沙发上，他妈的有点儿不是滋味……"

"你可以去睡床啊！"

"可那是张双人床……"

我们的对话被长久地截断在尴尬的"双人床"这里，后来他嘻嘻哈哈又说了什么我完全不记得了。第二天醒过来我在想，大路竟然在半夜三更打来电话，难道连他也会觉得孤独吗？

后来那段时间我们见得很密，有天大路经过我们公司附近，就约着在西单吃个简餐，远远地看着他走过来，我发现其实他个子不算高，肩膀很宽，尽管整个人看上去圆圆的，但是他的头发剪得干净利落，从没有那些不修边幅的男人的邋遢，衣着得体，皮鞋上没有一丝灰尘。"那种想把头埋在他下巴的类型。"我记得曾经在某本书上看到过这样一句话，毫无疑问说的就是大路。

两人坐在咖啡馆里望了半晌窗外，大路没头没脑冒出来一句："你想过自己的将来吗？"

"怎么突然说起这个问题？"我略有些诧异。

"你知道吗，我在北京已经买了三套房，但这对于我来说压根就不算什么，连起点都算不上。我有个朋友，房子多得自己都记不清有多少套；还有个朋友，现在身价至少几千万。将来啊，我一定要挣他一个亿。"

"我没那么大野心，我给《收获》《人民文学》《十月》投过无数次稿，可我连退稿信都没有收到过，我希望将来我的名字可以出现在这些文学期刊上面。正文部分啊，而不是读者来信。"

"不要放弃，不管你是想赚钱也好，还是想写字也好。"大路盯着我，声调高了不少，"你知道吗？当初你第一次走进我的办公室，就是因为谈到了你的理想，所以……"

"我……理想……"这个突如其来的巨大的词语把我死死地卡在那里，卡到我连一个字都说不出来。

咖啡馆里的音乐又变了，旋律很熟悉。

"这是什么歌——"我趁机转移了话题。

"Secret Garden 的《莲花》。"大路脱口而出。

我想当时自己一定是有些诧异地看着他："你是不是觉得我这样只知道吃喝玩乐的俗人，居然还知道神秘园？其实以前我读大学的时候，崇拜披头士和崔健，留过长发组织过乐队，学过吉他写过歌，那个时候我们在学校的舞台上一出现，下面全是女生的尖叫……"

"哈哈哈哈哈——"我实在无法把长发飘飘的白衣少年和眼前的大路画上等号。看他有些尴尬，我有些后悔，连忙补上一句，"不过看得出来，你身上还残存有艺术家的气质呢。"

"别取笑我了，我现在全身就剩下钱味儿了。"

"我知道钱好，但钱真有那么好吗？"

"以前你跟我说过有一个小说，讲的是有个人一天早上起来，发现自己变成了一只大甲虫……"

"卡夫卡的《变形记》。"

"对，《变形记》。有时候我就在想，按这样的生活状态，有天我会不会也变异了？"

"那你觉得自己会变成什么？"

"我不知道。"大路的眼神瞬间变得空洞，灵魂好像随着这句话一起飘走了。

"应该不会的，"我感到自己开始语无伦次，"除非卡夫卡降临……"

大路眼神迷惘地望着我，我抿着嘴笑了起来。

这句话其实是我和小卡之间的玩笑，模仿某个虔诚信奉基督教的男孩的口头禅"除非上帝降临"。作为女孩之间的一个秘密词语，通常在不知道表达什么的时候脱口而出。

4. 小卡

小卡对我说的话基本都是围绕着男人。她曾经无数次教育我，说我底子不错但不擅运用。有的时候小卡着急起来，会叫我"春香"，这是戏曲和评书里常见的丫鬟的名字，表明她对我的木讷几乎忍无可忍。

有时候小卡也给我展示一些撩拨异性的技巧，比如把家里的水龙头拧下来，看着男人装上去，一脸崇拜的样子说"你力气好大哦"；比如瓶装水永远要等着男人打开瓶盖才接过来；再比如说把脚支在台阶上让男人系散开的鞋带……

当然，小卡在我面前展示的并不永远是光鲜的、生气勃勃的一面。有天快下班的时候，小卡破天荒来找我，脸色发青，眼袋肿成小沙袋。

"太受打击了。"这是小卡当时唯一愿意说的一句话。

一起吃饭的时候，小卡把力气都用在了和饭菜的搏斗上（她很少扮演我平时的那种角色），不观察周围的环境，也不在意食物的热量，吭哧吭哧吃了三碗米饭。

吃完饭接近七点，小卡拉我去了工体北的 Complex。酒吧里面挤满了各种年轻人，或明或暗的灯光之下，他们的荷尔蒙渗入周遭，一切都暧昧起来，仿佛鬼魅。

我们靠着吧台坐了下来，邻座的女孩斜了我们一眼，女孩长相普通，穿件低胸的黑色毛衣，事业线深得可以夹住一枚硬币，我有些瞠目结舌，低头看看自己保守的吊带裙——为了遮住手臂，我还特地加了条披巾。

黑毛衣左顾右盼，眼波流转。左边坐着两个男孩，看上去年龄都不大，其中一个稍胖些的频频向黑毛衣望去。

终于，黑毛衣好像很不经意地走向胖子，酒吧太吵，听不清他们说什么，只见两人很有些眉飞色舞地耳语，随后胖子欣欣然地买了两杯酒。

小卡打了个响指，用手捅捅我："我帮他们算了一下时间，不到五分钟。总之，这个世界所谓的男欢女爱，就是四处撒网、速战速决。"

看样子，小卡终于愿意解除缄默状态，但她随后的第一句话就让我震惊。

"我失恋了。"小卡脸上显露出一种沮丧的神情，这种表情对于她来说就像北京的蓝天一样稀少，"是真的，你记得我们隔壁公司那个市场总监吗？"

"就是那个你以前一直没看上眼的小屁孩？"我很惊讶，"你不是说白送你都不要吗？"

"情况发生了变化——"她的声音软下去，显然并不想表明是什么样的变化，我更加诧异了。

"他们公司的总经理追你都没追上，而且，你不是说看不上个头在 175 以下的男人吗？"

小卡沉默了一会儿，仿佛拿不准该不该告诉我："他和我们公司的前台好上了……"

她开始哭起来，如此突然，真是让人措手不及。

看到这个在情场上战无不胜的姑娘哭得像个小孩，明显就是因为没有抢到一个原本就不喜欢的玩具，真是让人觉得又好笑又莫名的心疼。

"别忘了，你说过公司前台平均每三个月换一次，到时候她一走，谁还会记得他们这点儿露水姻缘？"

"是哦，估计他们也就是孤男寡女，干柴烈火。"听到我的话，小卡仿佛溺水者抓住一个救生圈，迅速破涕为笑。

一个男孩凑上来和她套磁，小卡扭过头来冲我眨了眨眼睛，贴在我耳边说："青瓜的味道。"随后小卡迅速恢复了她的战斗力，一双媚眼左顾右盼，仿佛连吧台的高脚凳，都是一个她需要与之亲热交谈的熟人。

正在俯首赞叹的当儿，眼角的余光显示：有人在看我。

那道目光来自吧台。

我把那道视线过滤掉了，以我那么多次的经验，和小卡在一起，男人们永远都是先将目光安放在她那里，然后才会买一送一地顺便看看我。但当我转过头去的时候，吧台里的年轻人正在直盯盯地看着我，眼神里有火在烧。

我偶尔会思量，在别人眼中自己到底会是什么样的人。照镜子的时候，总因为和里面的形象太熟悉而无从辨别。我应该感激父母赠予我端正的五官和面容，因为大路曾经很不经意地替我总结了一句"不坏"，因此我一直在想，自己应该是俗称的"厕所脸"——就是在一群人当中，你会迅速找出来并向其打听厕所方向的那种人。

五秒之后，我的目光转向吧台，年轻人依旧目光灼灼，我们在黑暗中相视而笑。

"小帅哥，过来一起玩色子吧。"小卡在一边煽风点火。

男孩请喝酒，那是一种蓝色液体，盛在试管里，让我回想起中学时候的化学课。他说酒的名字叫"敢死队"，喝起来有钢铁味儿。

色子输了再输，酒吧开始慢慢倾斜，男孩的笑脸在我眼前分裂成两个，眼前的"敢死队"也由一支分裂成两支、四支、八支乃至无数支，我看见这个世界的欢歌笑语像子弹一样从我的身体中穿过去，不做任何停留。

5. 小卡、大路还有我

我在一张陌生的床上醒来，有两个熟悉的身影站在不远的窗前，右边是小卡，左边是大路。桌子上的豆浆机咕嘟嘟冒着热气，他俩的声音几不可闻，但是从背影上看去，他们俩是那么般配。

头天晚上的所有事情完全无从查证，我压根不记得自己在出租车上掏出手机打给了大路，也不记得满嘴脏话的让大路来接我，更不记得大路和小卡在北京的某个路口碰头，一个背一个扶把我扛去了大路家。

醒了半个小时，我躺在床上一直没说话，我很奇怪地想为什么之前没有想过介绍他们认识？十秒之后我回答自己说，也许在我的潜意识当中，我并没有那么想去欣赏面前这对郎才女貌在一起的情景。

此后相当长一段时间，我们都是三个人一起约会——闲逛，看电影，吃饭喝酒。私底下我问他们对对方的看法，小卡说大路是"无公害白菜味"；大路说和小卡"太像了不合适"。不过我却总觉得他俩之间，隐隐有一种说不出来的默契，有的时候我们坐在某个地方不说话，大路抬起头，小卡也抬起头，他俩的目光在空中相遇，同时做个漂亮的回旋，再双双飞回各自的跑道。

无论如何，大路也保持着对一个漂亮女人正常的审美。在街上遇到有男人盯着小卡看，他也会得意地抬起下巴，故意靠得离小卡更近些。还有的时候，他并不那么安分的眼神，会在小卡超短裙下面的大腿上滑来滑去。

在这个铁三角中，我最喜欢扮演的角色，是在大家都不愿意说话或者无话可说的时候讲故事，转述某位小说家的作品，或者混进我自己的野狐禅。这个时候，能说会道的大路通常会停下来，眼睛一眨不眨地看着我，好像我洞悉了世界的全部隐秘。

2009 年前后，那一年天天都过得慢，喝来喝去也喝不到天亮。

那是我一生中酒喝得最凶的时候，任何一家酒吧的酒保都笑容可掬，能够迅速调出甘美醇甜的鸡尾酒，越喝夜晚越甜美宜人；冒着泡泡的啤酒就像是放了罂粟壳一样，让人欲罢不能；擦肩而过的男人的牙齿会在黑暗中发出柔和的白光；女人的裙子也像彩虹一样使人心情愉悦。

每隔一两天，我就会和大路还有小卡一起杀向工体，他们俩有个特别奇怪的习惯，每次要约着出来玩，都会把电话打到我这里，然后用相同的表达："把那个谁也叫着一起吧。"就好像谁主动邀约了对方，就失去了骄傲似的。

后来的那天晚上，我们并没有如往常一样喝到酒吧打烊，差不多只喝了一轮，小卡就吵着要走，出来了以后又不知道去哪里，只好漫无目的地走在路上。我们像酒疯子一样开始唱着各种各样的歌，从《雪绒花》到《发如雪》，从《将爱》到《那些花儿》，逮到什么唱什么。我们跑着唱，走着唱，大声唱，喘着气唱，累了就停下来对着街道上的每辆汽车高喊"我爱你！"却不料被半夜洒水的车洒了个正着。

三个人被淋得像落汤鸡，却笑得嗓子都哑了。

我们很少像这样在茫茫黑夜漫游，从工体北走到朝阳门，又走到了建国门北边一条僻静的小路上，这里的灯光全都隐隐约约，偶尔会有一辆汽车从身边驶过，将速度放得慢慢的，车灯照过的地方，可以看见轮胎辗过一层白色。

那是槐花，北京大街小巷都是这种树。那一刻踩着那软软的花地毯，我们都静默着，唯恐一个多余的字都会干扰这种难得的宁静，突然，微微的风吹得槐花纷纷落下来，它们成群结队地向下飘，就连飘在空中的姿态都是那样的妩媚，却又轻手轻脚的，它们仿佛会在空中静止一下，试探一下，找到了最美的舞姿，然后才缓缓地退出舞台。

小卡捞起一朵肩膀上的槐花，夜色在她的脸庞投下一层薄薄的光，看上去美极了。我想伸手去够那些灯光，她却笑话我喝多了。

"才没有！你看过《了不起的盖茨比》吗？里面的盖茨比就是这样伸手去够他心爱的戴西的。"说着话，那些灯光好像真的全是浮在海面远处的极其遥远的彼岸。怎么都够不着。

大路一直在抽烟，烟头明灭，看不清他的脸色。

然后不知道为什么，小卡就从鼻腔里哼了一声："嘚瑟。"

那天晚上回到家已经是凌晨三点，冲进洗手间呕吐的时候，我听到短信的提示音，多半是小卡告诉我平安到达之类的，躺上床拿起一看，果然是小卡的，但是显然收件人有误：

大路，一会儿是去你那里还是你来我这儿？

我盯着手机屏幕看了一会，就把它删掉睡觉了。那一夜，我睡得出奇的安稳。

6. 大路

一个月以后大路发来求助短信的时候，我正在"敢死队"的床上，大路问我是否认识协和医院的医生，说他爸生病需要床位。我赶紧打发掉身边的家伙，费了九牛二虎之力四处打探，终于找到医院的关系。打回电话的时候，大路却又没接。过了三天，他回了一条短信："我爸昨天晚上走了。"

我曾经听大路说过，他是单亲爸爸养大的，他一心赚钱就是为了让他爸有个安乐的晚年。

我和小卡商量着去看看他，打他的电话根本就打不通，到最后索性就是停机。去他的住处，原来那间公寓早就卖给了别人。

这个时候我才发现，我对大路是一无所知。除了躺在我手机上的那十一个数字组成的电话号码，我不知道他走过什么路，不知道他爱过什么人，不知道他受过什么伤，也不知道他喝过多少酒。不知道他在哪儿。

春去冬来，一年很快过去了，除了一两场印象不清的一夜情，我的生活乏善可陈。小卡倒是谈了一场又一场恋爱，每一场都有声有色。我俩开玩笑说大概谈恋爱这种事情是有配额的，而她把我的限额全都挪为己用。

2010 年快结束的时候，小卡遇到个美国帅哥，闪电般把自己嫁去了圣弗朗西斯科。大概是嫁得匆忙，小卡居然没有与我道别，她走了一年以后我才知道，原来她在丽思·卡尔顿办了场小型婚礼，请的全是高端人士。

北京城越发的无聊，春天沙尘暴来临，整个城市都被封存进一个喘不过气的笼子里。偶尔出个远门，三四个小时堵车都不在话下。

我开始去东单游泳，戴上游泳帽和游泳镜，钻进水里，这里没有一个人认识我，也没有一个人需要应酬，我有时候在水池底睁开眼睛，这是另外一个空荡荡的世界，和工体的酒吧街没有什么区别，它们同样遗世独立，却都和现实世界——办公楼、衣食住行、红男绿女之间有着一层似透明却混沌的间隔，你在这个世界穿行，自由自在，你可以选择看或者不看别人，起点和终点无非就在那里，一目了然。不管你怎样出发，终点都和所有人相同。区别只是你选择什么样的泳姿而已。

游泳池边上坐着个穿比基尼的姑娘，皮肤白皙，腰腿瘦削，说话的姿态像极了小卡，我不由得多看了她几眼。

"是你！"结果游完的时候她上来拍我，竟然是我的一个中学同学，热情地约我下个周末参加一个极有意思的聚会，地点在工体附近的某个五星级酒店。我想了想也没什么事，就答应了。

到约定的那天，我早早地起了床，洗澡、洗头，还按着我同学的吩咐洒了点香水——那是一次在地摊上，因为找不开零钱，小贩顺手扔给我的。坐在出租车里，我觉得自己被这种陌生的味道熏得死去活来。

到了酒店，果然是个大场面，很多穿得漂漂亮亮的姑娘，还有帅气的小伙子，三三两两站在大门口聊天。女同学一边跟我打招呼，一边拉过来一个人介绍："认识一下，这就是国际企业管理专家袁老师。"

乱哄哄的场面过后，袁老师被一位中年男子请上了台，她魔术般地变出块黑板，写上了"新市场营销方法"几个大字。她先是大谈国内外经济形势、就业难等，然后援引国外连锁经营经验，讲授连锁会员与获利之间的"几何倍增关系"……最后，话锋一转，切入正题：交纳2900元购买一套化妆品，就可成为经销网络的网络会员，成为会员后，发展两个下线就成为推广员，发展 9 个以上的下线可成为培训员，直接和间接的下线达 64 人升为代理员，下线 393 人以上升为代理商，代理商月收入 23.8 万元。

又有几个男女先后上台，作为"成功人士"讲述自己如何从一个月收入只有 800 元的文秘走上发家之路。"我现在已经成为代理商，月收入至少 23.8 万元。"23.8 万元！下面一片欢呼声。女同学不失时机地凑在我面前，脸上犹带着激动之后的一抹红晕：明天和我一起参加培训吧？

"有酒喝吗？"我脑袋中只有这样一个想法。

"红酒管够，许喝不许拿。"女同学回答。

一个小时之后，我带着一堆洗洁用品（估计两年都用不完），摇摇晃晃地走到了酒店门口，然后我居然遇到了大路。

没错，那就是大路，他穿着西服，没系领带，圆乎乎的样子像个吉祥物，他站在那里一直笑眯眯地看着我，就像有时候他消失了一段时间又来找我时候的表情，只是他不说话，似乎要等着我先跟他打招呼。

"你个王八蛋，你去哪里了消失了这么久？"我扔掉手里的破烂，不由分说一拳捶在了他胸口，大路笑了笑，居然没接话。

"大路，我必须得告诉你，这辈子我只和一个人在北京偶遇两次，就是你。你说这是不是缘分？"我摇着他的肩膀，声音响亮到我自己都听见了回音。

大路扶着我，我切切实实地感觉到了他胳膊的强有力，就像棵可以倚靠上去的大树，我把全身的力量都放在了那棵大树身上，我没完没了翻来覆去地说着一些莫名其妙的话，而他什么也不说。

走了两步才发现下雨了，却哪里都打不到出租车。雨像狗皮膏药一样地贴着我们，躲都躲不开，我们走啊走，它就追啊追，最后我们躲在了一棵真正的树下面，那雨却还是无处不在，像万箭齐发一样对准了我们身体的每个部位。

大路挡在了我的面前，我的酒有一点儿醒了，站得这样近，他的呼吸落在我的脸上，我一度感觉是一些小昆虫在我的脸颊上扑打着小翅膀。我们认识的这些年头里，还是第一次如此贴近。

这一次我醒来时，躺在自己房间的床上。大路消失不见，想起昨天晚上所有的哭泣和疯狂，不知道是酒后的幻觉还是真实的场景。

许多年后我在看《盗墓空间》的时候还沉浸在对往事的追索中，为什么当时在我们之间，没有一个可以鉴别真实和幻象的陀螺呢？

再后来，有一回我和同事办完事路过工体，找了个酒吧坐了会儿，我突然发现，那些黑毛衣、敢死队、小卡、大路们还在肆意劈酒，而我的心脏像破布一样，已经陈旧得无法承受音乐的捶打。此后我再也没有进过任何一间酒吧。

7. 小卡

我的工作越来越繁忙，难免有些酒局应酬，我的同事都会一律告诉对方说，我酒精过敏。有天晚上半夜做完方案在家里看影碟，有一个美国佬在屏幕上很窝心地谈论着自己最大的梦想就是：All I want is somebody hold me and tell me, everything is gonna be alright.（我想要的不过是，能有一个人这么抱着我，对我说，什么事都会好起来的。）不知道为什么我突然想起了小卡，然后一个人在空荡的房间笑得前仰后合，直到眼泪都笑了出来。

2016年夏天，我接到小卡的电话，她说回国办事，我们匆忙见了一面。她丰腴了些，还是那样美艳动人，然而说话的时候眼神左顾右盼、手指无意识地撩动发梢的这些小动作完全消失不见了。

我们先是扯东扯西，像所有多年未见的老朋友那样说起彼此的近况，公司呀生活呀，然后两个人突然停了下来，不可避免的，我们聊到了大路。

"他最近怎么样了？"

"不知道啊，消失了那么久。"

"什么，还没找到？"

"也不是没有找到，是又丢了。他那个人你也了解，之前也玩过两次这种人间蒸发的游戏……"

然后我问小卡："说实话，你们最后为什么没有在一起？我那样地撮合你们……"

小卡突然停了下来，眼睛瞪得很大，她看了我一会儿，仿佛是为了研究我的表情，然后她掏出一根烟，点燃，长长地吸了一口。

"缘分的事情，不好说……"她的思绪好像随着烟雾一起飘远了，然后她突然没头没脑地说，"你知道吗？上个月有个女人打电话给我，让我明天去和她见面，说是怀了 Max 的孩子，都五六个月了……"

"Max 是你老公？"问完之后才发现自己问得那么多余，纯属没话找话。

她点点头，把吸了一半的烟头粗暴地摁死在了烟灰缸里面。

我又让服务员上了一瓶啤酒，小卡笑了："还是纯生啊？我们当年总喝这个来着。"她的眼角堆着细细的纹，"我现在很久不喝了，酒量奇差，不过说起来，我们都已经三十几岁的人了，哪还有年轻时候喝酒的疯狂和不要命啊。"

感叹人生的话从小卡嘴里说出来真是怪怪的，我们也就没有再聊什么实质的内容，小卡只是隐隐约约地提起，就算婚姻破裂，也要拖死 Max，房子、钱，她什么都要，而且这辈子应该不会再回到中国了。

那天小卡烟抽得很少，酒几乎没怎么喝，饭店里面冷冷清清的，放的居然是《卡萨布兰卡》那种老掉牙的音乐。我们说话的声音很轻，有时候轻得我都忍不住打起呵欠，当年随便走进一个地方都充满人间烟火的场景，仿佛只存在记忆之中。

分别时小卡用力地抱了抱我："想起来，还是当年和你们在一起混的时候最开心。"她的眼圈有些发红。

酒精让我的反应有些迟钝，说起来，我也很多年没有找到可以和我一起喝酒的朋友了。小卡一阵风似的上了出租车，迅速消失在茫茫的车海之中。凝视着她的背影，我突然想起小卡穿的并不是那种会演奏乐音的高跟鞋。取而代之的，是一双看上去舒适却毫无设计感的平跟鞋。

小卡给我留下了一个谜，那天晚上我回到家，想把当年写下的一些日记碎片整理一下，兴许能找出一些被我忽略了的线索，可是找来找去，电脑、硬盘，居然什么痕迹都没有，最诡异的是，我这时候才发现，无论是大路还是小卡，我们之间连一张合影也没有——我们竟没有在彼此的生命中留下任何可供怀念的痕迹。

一个星期后，我收到了一封没头没尾的邮件，来自小卡，她说："对不起，是我搞砸了这一切，去找他吧，哪怕你会继续让我妒忌。"

那天下班之后，我又去了一趟工体北路。北京不是在拆迁就是在修地铁，许许多多的路，许许多多的酒吧，许许多多的建筑都在迅速消失，埋葬在记忆之中。这条路却从未变样，我和小卡在这里认识，和大路在这里遇上，我也和大路、小卡最后一次共同走过这里，它看上去依旧繁华喧闹，就好像被我们遗留在了时光里面，那个时候，我和大路、小卡曾经自封为"夜行教"，不管我们在白天面临着什么样的困境、痛苦，仿佛都能在这里被全部消融，它是那些年里找不到方向的我们的灯塔，也是我们的信仰……

现在这条路上只剩下我一个人，我想大路应该还待在这座城市的某个角落，倒不一定是为了躲我，有可能躲的是那段像汽车一样碾过的时光，我在那里伸出了手臂，不是向着坐标似的路灯，而是为了要挡在这辆汽车面前大喝一声：停下吧！我想要它停下来，我想要再仔细地看看大路，看看一再错过的爱情。

用武功保护了我一辈子的那个人

前些日子我和他在一起过马路，有辆小车完全不看后视镜就直直向我倒过来，说时迟那时快，他一个箭步，嗖的一下跳到前面，伸出虬臂，鬓角竖立，自丹田发出一声狮子吼。

我一直觉得我老汉①是某个没落门派的神秘掌门人，所以读到老舍的《断魂枪》，我觉得那个写的就是自家老汉：夜深人静，山鸟归林之时，他才会静静的在一个神秘的角落，吞吐天地之灵气，"一气把六十四枪刺下来；而后，挂着枪，望着天上的群星，想起当年在野店荒林的威风。叹一口气，用手指慢慢摸着凉滑的枪身，微微一笑，'不传！不传！'"。

小学的时候，我姐是整个大院唯一去练习过武功的人。别人都理解不了老汉是怎么想的，一个女孩子家，居然每天起早

①老汉，四川方言中指"父亲"。——作者注。

贪黑，把身上练出腱子肉。

他们不懂，某个月明星稀的夜晚，老汉特别郑重地拉着我俩的小手：现在这个年代不再需要武术了，但是我门派不能没落，我现在将掌门之位传给老大，以后要学会保护自己。

他经常在大院的风口上捧着一本武侠小说，那时候整个大院的小孩都崇拜老汉，因为只有他对杜心五的故事耳熟能详。他给我们普及"自然门"的故事："杜心五看见持函前来的徐师身材矮小瘦瘠，不甚信服。几经试探，乃知确为风尘奇人，遂恭谨有加。徐师教杜负重踩桩成圆形走，练习自然门的内圈法。他说：'自然门首先练气，踩桩走要轻松自然，动静相兼，气沉丹田，能虚能实。'以后，腿上的沙袋逐渐加重，注意手、眼、步法，兼练踢、蹬、扫、踩、踹，做到吞吐沉浮，运气发功，感觉内在产生升腾之力，瞬息可收可发。他要求杜心五做到意、气、内功、外功，浑然一体。"

整个大院的小孩听得津津有味，乐不思家，但这也并不妨碍他们该欺负我的时候继续毫不留情。我妈，会把长长的尖指甲指向我和我姐，数落我们不中用，但是我爸，作为一个神奇的掌门人，总是能在小朋友欺负我的时候第一时间感应到，哪怕他手里捧着一本书，远在千米之外的大树下。

这种时候，老汉才不管对方的小孩什么来头，他一言不发，使出一招"以其人之道还治其人之身"……后来，整个桐梓坳都数落他没有知识分子的风度。老汉还是不急，伸出拳头一抱："只要是放到我家小荷头上的，我都会统统还回来，各位不服气也可以来找我。"邻居们愤愤而归。只是从此，真的再也没有人敢随意伸出脚绊我，或是趁我不注意拧青我的胳膊。

余华在《鲜血梅花》里面写的阮海阔也是我，后来我去重庆读了大学，又去了北京。很多年来，以为自己沿着一条稀里糊涂的路在往前走，工作生活，很少遇到需要伸出拳头的时候，更不会遇到需要江湖道义的时候。

而神秘的易掌门，还在家乡留守他的江湖，我经常因为忙，或者想当然的其他理由，并不经常回去探望他。结果有一次回到家，发现老汉在单元门口给自己做了一个名牌，生怕有落难人士找不到他。

我妈还跟我投诉，说老汉有一次在街上遇到个陌生人，看对方失魂落魄，结果就开始给对方免费看相，鼓励对方东山再起。

"鼓励就鼓励，结果还把自己身上所有的钱都掏出来请人家喝酒，恨不得把对方邀请到家里住上一个月。"

老汉捧着一本武侠小说，对我妈的数落不置一词。

我离家去读大学之前的那一天，我妈在家里抹眼泪，老汉只跟我说过四个字"江湖道义"。

是的，说出来也许不会有人相信，三个月后的某一天，居然有人一路放着鞭炮来到我家，抱着好多礼物，说是因为老汉的一席话真的"东山再起"，生意翻了身。

有一年，那个时候老汉已经六十岁了。我交往了一个奔着谈婚论嫁去的男朋友，他陪我们全家去爬香山。那一次老掌门爬得飞快，完全没有平时糖尿病患者的虚弱懒惰。每当他的未来女婿想要好好表现、打算伸出援手的时候，他就目光炯炯地瞪对方一眼，最后成功地变身为首位登顶者。居然生平第一次，当着那么多人的面，还在山顶长啸一声，中气之足，狮吼之音绕梁不绝，完全暴露了他隐藏多年的内力。

我在美国采访 NBA 的时候，有一年的赛季，几乎整个月都是背靠背[①]，每天只能睡两三个小时，年纪轻轻就熬得满头白发，焦虑到整天流鼻血。有一次三点睡下，四点起来赶飞机，迷迷糊糊摔了一大跤，终于伏地哇哇大哭，也不知道怎么伤心成那样。

突然我房间的电话响起来了，是老汉怕我赶不上飞机特意叫我起床的。我想起小的时候，每一次只要我被绊倒，老汉总是伸出铁砂掌拍一下肇事的桌子、床、书柜，然后模仿它们吱吱的惨叫声，我想象着那些异国他乡的孤独，未知的工作挑战，

①背靠背，指 NBA 球队连续两天比赛。——作者注。

一个人独处的惶恐，所有无形的敌人都会毁于老掌门的铁砂掌下，于是很快气沉丹田，呼吸平顺，那些痛苦就像是拍死在墙上的蚊子的血。

2002到2006那几年，我常年在美国，老汉给我写很多的信，我快要出书之前，他写了一封长长的信，在里面他写道："我们骄傲有你这样的女儿，你却不幸有我们这样无能的父母。"

醒醒啊，身为青城帮帮主的老汉，你怎么可以说出这种话？

我一直都记得，在他作诗人的年轻时候，他也间或偷偷在家写过一部武侠小说，那种打上了格子的稿纸，浅蓝色的，薄得墨水深一点就能渗透好几张纸。

他在小说的开头写了一个失意落魄的中年书生，由于厌倦江湖，带着书童返回家乡，却在半路上遭遇劫杀。他被踹落进水中，试图喘气，却感觉到犹如一只拳头塞进了喉咙，浓密的气泡在眼前上升，一串串的，就像他很小的时候，曾经在水里清晰地看到过的那密集的气泡。那种气泡是一种死亡的喻义，或许，江湖与庙堂，生与死之间，也就差这么一串气泡了。

老汉不会知道我记得这些，也许吧，也许我的记忆对过往自动进行了一些修订和篡改，也许那天在大马路上，那个蹿出来救我的人并没有那么好的身手，他毕竟是七十的人了，上楼梯的时候已经有些头重脚轻。

只有当我翻开那些旧照片，就像打开一个个贮存着记忆的保险箱，我才清清楚楚明明白白地意识到，在群体像当中，那个瘦弱不堪、矮小粗糙，那个毫不出奇的年轻人才是我老汉。

　　但是这么多年，我越过那么多国境线，轮船、火车、飞机、电梯，走到这么远，完全是因为老汉用他那传说中的武功保护了我一辈子呀，我到今天还是这样想的。

四川母亲，装在泡菜坛子里的爱

如果说浙江人给女儿留的嫁妆是一坛子埋了几十年的酒，那么泡菜坛就是四川人的嫁妆啊。

印象当中从小到大家徒四壁，家具总是坏了将就用，实在不行才会去换，但是有一样"家具"传到现在从来都没有换过，那就是我妈的泡菜坛子。

那个泡菜坛其实就是一个瓦罐，上着釉，因为年代久远，显得很旧，不是那种一眼看上去就能喜欢上的外表。此后许多年至今，我见过无数改良过的坛子，都是那种透明玻璃的，不像这种姜黄色的坛子，有一尺来高，坛子的开口处大约能有五指宽，肚子微微凸着，一副敦实耐用的样子。如果把它比喻成一个女人，那她应该是一个人近中年，历经沧桑，肚子里藏着许多故事的女人。

每个四川人家里都应该藏着这样一个制作泡菜的容器。

做真正好吃的四川泡菜有两个必杀技：一个是泡菜所用的水应该是化雪水、生水、晾凉的白开水等（别人家的老泡菜水是上上之选）；其二是坛子，用坛沿水阻隔空气进入，也保持内部相对稳定的气压。

一般菌种可以自己慢慢养起来。泡菜配方是1000克水配上50－60克川产的泡菜盐，有的人家还会放上一把花椒、几粒冰糖。制作期间坛子一定要严格隔绝油分进入。

所有你能够想象得到的蔬菜，都可以进入那个泡菜坛子，菱角菜、酸菜、萝卜是四川泡菜排行榜的前三位。在农村的我爷爷家，桌上就永远摆着一碟泡菜。

还有很重要的两样东西，大部分四川人的家常菜里都会用到的佐料——泡姜、泡椒。

只有离开家乡，在做四川菜的时候，才发现那坛泡姜泡椒对于地道的四川菜有多么重要。

正如没有四川人家里没有辣椒，也没有人家里会没有泡菜。大鱼大肉之后，主人必定会端上一碟泡菜，那样，被腻味的酒肉泡得发闷的胃再次敞开。那些年家家户户都不宽裕，没有人敢在上菜的时候就上泡菜这种开胃神器。我爸回忆说，一九八几年请了个师傅给我家做家具，师傅太能吃，顿顿都要炒一盘回锅肉，我妈每次都抠抠搜搜，直到他把所有饭菜都吃完才敢上泡菜，"就这样他还能干掉两碗饭呢，他那个月的饭钱相当于你妈一个月的工资了！"

过年的时候，许多人家门前的晾衣绳上面，就会挂着像万国旗一样的酸菜、萝卜皮，女人们一边晾着，一边假装闲聊着，用眼神去打量另外一家人过年的存货情况。

大杂院里好像住过一个上海人，讲着格格不入的普通话，孩子们经过他阴森的小屋门前，都要尖叫一声，想象一旦被他捉住，就会被放进一间不见天日的、和骷髅头堆在一起的小屋子里面。

可是有一年过年，不知道是哪家的媳妇，特别热情地用一碟泡菜敲开了他家的门，从此以后，他就突然被融化了，每天开着门，和人打招呼，给我们小孩子糖果吃，还学会了打"血战到底"。

有的时候我会梦到在大杂院里面玩，妈妈早早地开始鼓捣那个泡菜坛子，酸爽的味道在梦里弥漫出来。在梦境里面，那个泡菜坛子沉默不语地蹲在那里，永远待在那座大杂院里，也陪伴我走过童年。

我妈妈有一种医生诊断不出来的过敏症：窗外匆匆掠过的

闪电，墙壁上一只路过的壁虎，都足以在她脑海里演绎成一场经久不息的世界大战，她彻夜的失眠，直到皮肤的颜色从白皙变成病态的苍白。某个夜晚，当我从熟睡中莫名地醒来，妈妈居然就坐在我的床边。她背对着窗户，脸部呈现一片漆黑，突然一道光线掠过，她的表情恐惧到了极点。那是由于天空的闪电引发的一道光，它发出刺刺的火花声，穿越我的眼睛，将我脑海里所有童年时的懵懂、一知半解和对世界的浅尝辄止烧成了灰烬。那个时候我十六岁，有生以来第一次，我感觉自己的躯壳几近透明，身体里有个懵懂的东西在徒劳挣扎……天亮的时候，嘴里充满了扁桃的苦味，那种寂寞，或许是一种遗传，它仿佛让我一夜之间长大，过早地让我体会到在人群当中的寂寞。

曾经有很长一段时间，这样的妈妈不是我理想中的妈妈，尤其在我被年轻的虚荣心包围的那一段时间，我幻想自己的母亲应该是高贵的、大方的、智慧的、知性的——当然这些词和妈妈毫无关系。

妈妈也被公认是全家最多愁善感的人，无论全家再开心再快乐的时候，她都有可能会莫名其妙地抹起眼泪，好像眼前的这一切和她没有任何关联……无论姐姐和我如何孝顺，也无法给她想要的安全感，她最喜欢看的节目是所谓的"社会纪实"，里面充斥着大量的欺诈，母亲和儿子争财产、兄弟自相残杀之类的桥段。她对这个世界的一切都充满了戒备。

但她也是公认的全家最老实的一个，她不会任何的花言巧语或者招呼应酬，她一厢情愿地会把别人那些用以敷衍的请客吃饭的话当真，当然她自己说出去的话也很认真。如果在超过三个人以上的公众场合要她大声说话，她的脸会涨得通红。在外面与人发生争执，她完全不会用那些犀利的语言与对方对质，只会默默地走开。

直到有一次爸爸无意中提起，其实当年外婆根本不想生下妈妈，那个时候外婆吃了很多药，用尽各种方法想要打掉还未成形的妈妈……我不知道这件事在妈妈心中是不是留下了阴影。我每次回来，都能从舅舅和二姨那里零零碎碎地知道一些关于妈妈的往事，拼凑在一起我才得知，为什么妈妈是今天的妈妈。

那时候妈妈随着外婆四处搬家，"文革"开始了，居民小组长田婆婆想把她的儿子介绍给妈妈，因为她的儿子是个公认的"宝器"（四川话里对一个人很傻的形容）。外婆不同意，田婆婆就去向组织反映说外婆是"黑五类"，之后还去附中喊了一群造反派（其实就是一群十几岁的半大小孩）。他们闯进家里，先是拿皮带抽，后来又让外婆跪，打着打着，其中的一个突然发现了藏在厨房里面的特别漂亮的泡菜坛子。那个坛子太漂亮了，漂亮得让人有摧毁它的欲望。"资产阶级的玩意儿！"造反派拿起坛子盖顺手就扔过去，把外婆的额头砸了个大口子，血汩汩地从头上流出来。妈妈正好放学，吓得躲在一旁，直到造反派们走了以后，才赶紧把外婆送到医生那里去。

外婆挨打只是灾难的序曲，妈妈在那些年亲眼看见外婆挨耳光、被批斗，从一个远近闻名的大美人，变成一个面容憔悴、过早衰老的小老太太……

而妈妈，也终于在"文革"结束的那一年结束了她的青春期，变成了一个郁郁寡欢的悲观主义者。

很多年过去了，我在北京稳定下来，有的时候心血来潮想做泡菜，总是被那种想起来就烦琐的程序吓倒，而我也终于逐渐地意识到，厨房里的泡菜坛子是妈妈摆脱外界干扰，摆脱不安全感，进入自己世界的方法。在那个世界里面，她只需要全心全意去准备、去腌制，而爱从她身上散发出来，落到那些泡菜上面，再通过它们传递到我们的胃里。

2002—2007那五年，是我在北京最动荡的年头，因为工作的缘故经常去世界各地出差，待在北京的日子不多，生活杂乱不堪，三餐基本不定时。有一次打电话回家，可能心不在焉，也有可能神思恍惚，不知道在电话里对爸妈说了些什么，大概是想念地道的泡菜之类，第二天就接到电话，说妈妈要来北京看我。

三天之后，妈妈出现在我租的房子门口，我帮她清点行李，满满当当各种特产（尽管我告诉他们北京超市什么都能买到），然后发现一个鼓鼓囊囊的布包。

打开一看，竟然是个泡菜坛子。

只有在那些年从北京坐火车去过自贡的人才能了解这是怎样漫长的路程。

那时候我们为了省钱，一般都是买硬座，从自贡到成都需要七八个小时，下了火车之后有可能还得在成都住上一晚，就是十元招待所那种，然后第二天一早开始，要再坐两天一夜，才能抵达北京。

车厢非常阔大，车窗却非常小气，大概不到两尺见方，窗位高过人头，从窗口往外面望，顶多只能望到一小片灰色的天空或几小片黑色的树叶。一路上都会有因人多而产生的气味，那是一种混杂着小孩的尿味、体液的酸味、很久没有洗澡的臭味的混合味道。

而每当火车要靠近站台时，妈妈就会赶紧猫腰护着泡菜坛子躲过那阵颠簸的晃动。天黑以后，车厢里的灯早早地就暗了，妈妈一定是不敢睡，紧紧地像搂着孩子一样地搂着箱子和布包，眼睛整夜散发出暗淡的光芒。

这就是火车、汽车、两条腿。

就是三千里路、半个月的雨水、十年的老坛子。

就是四川人，一个母亲。

就是味觉的返乡之路。

就是她被时代腌制过的、羞怯的爱的表达。

侠之隐者

　　这个城市里那些离奇的案件，都是些无主的待解决的疑案，就像这个新时代发展中许多被遗弃中的小城一样。

　　"恁个说，他死掉了嗦？"小卖铺的那个老板站在那里，抽着一根很长的旱烟杆，好像在聊着天气一样。"是啊，"我回他说，"他确实是死了。"看他的样子，仿佛欲言又止，可是，他沉默着，又好像是在等我说下去，我们之间被大片的烟圈充斥着。我慢慢地踱开，在我犹豫着该走哪条路之前，背后传来了他低低的嗓音，"造孽啊造孽"。

　　从家里走到山丘的这片区域，已经没有什么房屋了，废弃的旧城区遗留下一条又破又旧的路，靠近拐弯的地方裂出个大豁口，随时会吞噬不留心的路人。一个姑娘从一栋旧楼脏乎乎的窗户里探出头，冲我笑笑，便又缩回了头。

二十年前我们晚上都怕从这里经过，一群野孩子站在窗口，没完没了地掷石头、打弹弓，被打中的人无一不头破血流。

但那是湖南人的地盘，他们占据了这座城市最繁华位置的高楼、饭店和街道。有一天我哆哆嗦嗦从那儿经过，一枚石子弧线形呼啸而来，眼看就要砸中我脑门儿，有个身影干净利落地扑将过来，飞脚把那枚暗器踢了回去，就听到一声闷响，我还没有反应过来，那片窗户碎了，有个躲在那里的人影闷哼了一声。

我喏喏地想谢谢他，才发现那个人竟然是小叔，斜睨了我一下，抱着自己的手臂就走开了。

他们说我长得就是一副让人想欺负的脸，据说我和我妈长得一样，一开始他们说我妈克死了我爹，然后我又克死了我妈，我的命太硬，这些年再没人敢靠近我，包括我家的亲戚。

隐隐地记得很小的时候，爸爸搂着我给我讲杜心五的故事，然后他说："咱们家也出了个杜心五，你爷爷把你叔送去学武了，从小就在脚上绑着沙袋练习跳沙坑。"

那时候回家，如果老远闻到一股呛人的烟叶子的味道，一定就是爷爷来了。唯独爷爷来串门的时候，我并没有什么太大的感觉，也许是因为他太穷了，穷到连一颗糖都没有给我买过，不但如此，每次爷爷走的时候还会把我们家稍微好一点的衣服、毯子、被子全都卷走，而跟在爷爷身后那个一脸阴沉的年轻人，就是小叔。

爷爷不喜欢说话，大部分的时候他喜欢坐在家里，吧嗒吧嗒地抽着旱烟。说起来，爷爷也算是个奇人吧，年轻的时候喜欢看书，有一天无意中得到一本《麻衣相法》，开始各种研究，成了远近闻名的算命先生。他曾经给自己掐指一算，八十三岁有一劫，过了才能再多活十来年。

爷爷一辈子都喜欢赶场凑热闹，八十三岁的时候，有一次赶场，摔伤了背，在家里睡觉，就总见有两个小孩在旁边不停地闹腾，他叫小孩不要闹，可是没人听他的，于是一怒之下就把两个小孩绑起来烧掉了……突然惊醒发现是南柯一梦，过了几天，背上痒得受不了，用手去摸伤口，摸着摸着，摸出一根刺，摸着摸着，又摸出一根刺，扔掉了之后，没过多久，竟然痊愈了。

小叔的武功有多高，从来没有人见识过。当我在北京工作，生活渐渐稳定，曾经听爸爸说，有个邻居想要霸占我家的广柑林，带了几十号大汉围攻并且声称要砍掉整个林子。

后来呢？我问。

过了几天，邻居和几十号大汉家里养的鸡的鸡头全都不翼而飞。

"要知道，那个邻居家是高墙大院，围墙差不多有两米，没人想通那是怎么回事，只猜是遇到打抱不平的高人了，所以再也没有人敢动那片广柑林了。"

"是小叔?！"我高喊了一句，我爹捻了下胡须，并没有说话。

九十五岁那年，爷爷还能中气十足地坐在堂屋骂人，他只骂小叔，从早晨骂到黄昏，而小叔头都不抬，该打谷子打谷子，该喂猪喂猪。

10月的一天，天气阴冷，爷爷突然不见了，小叔带着满村的男人去山里寻找，气温下降得厉害，最后他们在一处偏僻的谷地找到他。

奇怪的是，爷爷全身赤裸着，鞋和袜子都脱了下来整齐地放在一边。很多年以后我看到有所谓的科学解释说，被冻死的人临终前会产生幻觉，觉得自己热量过度。

爷爷的葬礼之后，小叔就失踪了。我有时候想起来，总会把这父子俩想成一个整体，除了不抽旱烟，小叔和爷爷一样：个头瘦小、驼背、神秘阴郁。而我在爷爷走之前见到的那个小叔，从背影卜和我小时候见到的爷爷已经分毫不差。

两年前的秋天，我因为某个奇怪的原因回到了故乡，从此我每天都会从一个梦里醒来：群星闪耀的夜空，照着一条光亮的山脊，我行走如同蚂蚁，而爷爷，就像上帝一样远远地看着我。

我一直不认为爷爷对我有多么深厚的感情，有一年他辗转打听到我一个月能赚到上万，就给我打电话吵嚷着让我寄钱，那些钱最后都变成了小叔那些昂贵的护膝、球鞋。爷爷这一生只觉得小叔能继承他的大业，而我爸不能，我一个女娃更不能。

　　几天前，我收到了一封加急的信件，通知我说小叔死了。他四十多岁，还一直都是个神秘的单身汉，只剩下了我这个亲人。

　　当我抵达火车站时，被铺天盖地的讣告惊呆了，它们密密麻麻地张贴在电线杆、车站墙壁、小区围墙上，像是表达着一种愤怒和惊恐——上一次看到这种隆重的"广而告之"还是在某位村长的葬礼上。

　　我还处于不知所措之中，人群中有个白发苍苍的大妈跑出来拉着我的手。"我们几个街坊联合给你写的信，"她说，"这么好的大英雄，不应该孤苦伶仃地走掉。"她看上去有些激动，完全不给我机会辩解我和小叔并没有那么亲近的关系。

　　小叔死之前的几年里，我都会陆续收到小伙伴们的各种来信，告诉我小城的变化，例如新市长制定的新政策，老城区的拆迁，还有他们对我叔的各种传说和猜测，"大家都说当年你爷爷白天名为看相，遇到什么不平之事，晚上总有一个大侠来锄强扶弱，大家暗地里把你爷爷叫作'易半仙'，谁都明白，那个躲在他身后的神秘人物是谁啊"。

也就是从这些热情洋溢的来信中，我了解到小叔的一些行踪，包括他最后蹊跷的死亡：他被人发现猝死在工地的工棚，虽然尸检报告说是突发性的心脏病，但好几封信认为不只这么简单。

小城太小了，一路上都有想不起名字的老人停下来和我打招呼，即使有些人并不知道小叔的消息，谈论起他，口吻之中也充满了敬意。

"听说你们之间并没有什么来往了？"派出所的警察问我，一边作着简单的笔录，我点了点头，他的目光里夹杂着一种并不熟悉的东西，像是一双压迫着我的手，我被迫把头别了过去，他笑了，似乎对此满意了。

签完字下楼的时候，并没有人陪伴我，经过派出所长长的走廊，看到很多剪报，多是这个城市那些离奇的案件，都是些无主的待解决的疑案，就像这个新时代发展中许多被遗弃中的小城一样，缺乏各种经费投入来解决。其中有个"连环飞刀"案，一个神秘人士专门痛击民间传说中的恶霸，行案之人每次都会撬开保险箱，在里面留下一把带血的飞刀——这都什么年代了，还有这种过时的江湖把戏？写报道的这个记者笔法非常不客观，带有私人感情色彩，就好像行案者在他们眼中是个神奇的大侠？

我猜这个世界上大多数人都见过尸体，我曾经错过爷爷的葬礼，父母走的时候我也不在身边——有时候我怀疑命运对我有着特殊的安排。此刻小叔躺在那里，仿佛缩水了，个头小得像个动物。他的身体上有很多的瘀青，按照法医的话说好像长年经历各种猛力的撞击。

我最后一次见他，应该就是在小城，我和同学一起路过乡下，顺便经过家里的老房子，爷爷的坟墓不见了，取而代之的是一条笔直的公路，坟墓旁边的老房子自然也消失了。老邻居带我去找小叔，他们说他在镇上开了家新饭店，当我们骑着摩托找到那里的时候，他正蹲在地上专心数钱，一大把的旧钞票，看上去都是几角几分的。我走到隔壁小卖部想给他买条烟，电视上正在播放《动物世界》，叙述大象那样的动物在临死前得到感知，会自动离开象群走到一个谁也找不到的地方慢慢死掉……我看得莫名地焦躁起来，把烟交给老邻居，就转身离开了。

然而这几天听到零碎的猜测，我依然坚信，这些情节是有人自己杜撰出来的，因为接下来的几天，我又扩展范围，分别询问过电视台的记者、一位政府公务员、桐梓坳的一位警察，还有一位声称2002年曾在电视节目里见过我小叔的税务局会计。这些人无一不坚持说小叔就是一个性格内向、一声不响的老实农民。"一个身高不到一米六的人，你说得好像个大侠啊，哈哈哈哈哈？"还有一个在我身后留下一串响亮的嘲弄声。

广柑林的事件，更是查无实据了，爷爷去世后没多久，小叔离开了故乡，其后那个地方的大部分人都去大城市打工了。我算了算，爷爷去世后的次年，也就是我看见小叔救我的那晚，他原本是在东莞的一家电子厂检修电路。

从我家到山边那条路，我闭着眼睛都能数得出来是多少步，沿着这里一直走下去，有可能一个人都碰不到："湖南人"早就被"严打"了，后来小城又出现过几拨操（混）社会的，也都无声无息被时代的发展淹没了。

走出门口，沿途曾经的老房子只剩下断壁残垣，就好像有的地方拆迁了大半又放弃了，只有那个旧楼还完整无缺。我又将一步步踱过，深呼一口气，等待心脏慢慢平复下来，等待石头从那个破碎的窗口飞出来，一块、两块，甚至是漫天石雨，我根本无须躲避，从五岁那年，我爸就教过我"知其白，守其黑"，只需要把身子活展开来，将头微偏，飞脚把那刺向人间的暗器踢将回去，前把一收，后把果断亮出手里的短刀，啪一声，干净利落地干掉对手。

我慢慢地直起身来，掏出兜里那把短刀，它清清白白，光亮得犹如晴天里的白雨，一丝血迹都没有留下，我把它抄好，明白自己再也不会独自经过那条张着豁口的老路了。

说实话，小卖部老板旱烟杆的味道太呛人了，就像当年爷爷的那样，我一边这样想着，一边抹掉被呛出来的泪水。

图书在版编目（CIP）数据

我们是否还拥有灵魂／易小荷著． —— 北京：北京
十月文艺出版社，2018.1
ISBN 978-7-5302-1763-4

Ⅰ．①我… Ⅱ．①易… Ⅲ．①散文集-中国-当代
Ⅳ．①I267

中国版本图书馆CIP数据核字（2017）第297351号

我们是否还拥有灵魂
WOMEN SHIFOU HAI YONGYOU LINGHUN
易小荷 著

出　　版　北京出版集团公司
　　　　　北京十月文艺出版社
地　　址　北京北三环中路6号
邮　　编　100120
网　　址　www.bph.com.cn
发　　行　新经典发行有限公司
　　　　　电话(010)68423599
经　　销　新华书店
印　　刷　山东鸿君杰文化发展有限公司
版　　次　2018年1月第1版
　　　　　2018年1月第1次印刷
开　　本　850毫米×1168毫米　1/32
印　　张　8.25
字　　数　120千字
书　　号　ISBN 978-7-5302-1763-4
定　　价　39.00元
质量监督电话　010-58572393
如有印装质量问题，由本社负责调换